Daniela Rivera Zacarías

Talking to Myself

Skyhorse Publishing

Skyhorse Publishing books may be purchased in bulk at special discounts for sales promotion, corporate gifts, fund-raising, or educational purposes. Special editions can also be created to specifications. For details, contact the Special Sales Department, Skyhorse Publishing, 307 West 36th Street, 11th Floor, New York, NY 10018 or info@skyhorsepublishing.com.

Skyhorse® and Skyhorse Publishing® are registered trademarks of Skyhorse Publishing, Inc.®, a Delaware corporation.

Visit our website at www.skyhorsepublishing.com.

10 9 8 7 6 5 4 3 2 1

Library of Congress Cataloging-in-Publication Data is available on file.

Cover design by Daniela Rivera Zacarías

Print ISBN: 978-1-5107-0939-3
Ebook ISBN: 978-1-5107-0940-9

Printed in China

"What was once 'good' became 'evil' and what was once 'bad' became 'good.'"

FRIEDRICH NIETZSCHE

For every single person who has had anything to do with my life. And for someone very special who is closer to me than ever, even though she is far away. "You were right!":

"If love were a package, it would come open."

Contents

My Story

If I could erase any moment of my life up to now, I wouldn't erase anything. It would be like taking an orange from the middle of a fruit display, causing the rest of them to fall down. I believe all moments are equally important because they make up the person I am today. Maybe I chose to compare life to oranges since we are all made of sweet and sour moments.

Since I was a little girl, I have questioned everything. When I was four years old, sitting in the back seat of my parents' car, I wondered if the moon actually followed me. Today I know the moon always stays in the same place, but I wonder why I'm still in the backseat of my parents' car! Yes, I have taken longer than most to take off on my own and be independent, but I have savored every single moment I have shared with my family. Maybe I needed more time than others to grow up and mature. What I do know for sure is that nothing in life has a time limit; it is what we do with our time that might limit us.

I believe we all have a specific task in our lives, and only by working hard will we find our place in the world. My task has been to understand true love.

I think that the only thing that is worth more than an experience itself is sharing it, especially when you have come to understand something so well; it becomes a sort of obligation to tell it. This is why I have written this book: to share with you what is most valuable to me. My feelings.

Preface

This book started out as a diary, and because of this, it is a book without a beginning or an end. I like the idea of it not having a beginning or an end because that is what life is—an eternal come and go. This book is full of questions, contradictions, and especially spiritual encounters. In these pages, I have put together words to express moments and emotions. The truth is that all of these words are a history of my fragmented mind, my heart, and my days. I have created a book of never-ending doubts with the simplest of words which embrace typical themes: the typical becomes unique, the simple becomes complicated, and that which once made no sense at all now finds a meaning.

I am a painter, and I write the same way I paint: I always paint myself; all of my paintings have to do with me. So in a way I could also say I write myself because everything I put in words becomes pages of my face, my body, and my feelings. I have discovered that when I write about myself, I am actually writing about you and everyone else. It is by discovering one's self that we get to understand the rest of the world. That wouldn't happen if we weren't all part of one whole. We are connected; we are all a little bit of each other.

Wanting to write about so many things in so few pages is, in a way, a reflection of myself—impulsive and pessimistic—as if this were my last and only opportunity to talk about what I feel and what I know. And what if it is? That's why I talk about the importance of a single moment and the power we have to transform it.

In the end, everything has to do with love—love concerning absolutely everything, not just people. The kind of love that knows the difference between the temporary and the eternal. Love that gives you the satisfaction of resolving the meaning of your own existence: "True love."

DANIELA

Talking about Love

SOMETIMES WE ARE WITH THE RIGHT PERSON
FOR THE WRONG REASONS AND SOMETIMES
WITH THE WRONG PERSON,
FOR THE RIGHT REASONS.

"Love happens when the ego ceases to exist."

"When you try to understand love, you get confused. When you let it happen, then you understand."

"The grandest love of all is the one you learn to receive, even when you can't touch it."

How many people can we love in a lifetime? How many people can we love at the same time in just one day? We can love in so many different ways and every person whom you have loved contributes to the person you are today. Real love stays, not like a memory but by being present within you although not with you; it is the kind of love you learn to receive even when you can't touch it. By being intangible, it turns into an even stronger force since it exists out of purity and without expectations. Sometimes I feel that everything I write comes from that kind of love, the love I have within me but not with me. I believe that by loving others I have learned to love myself. Many people say that, if you don't love yourself, you can't love anybody else, and they are right. But it also works the other way around!

So how do you learn to love yourself? I think it's impossible if you don't know who you are, just like it would be very difficult to fall in love with someone you don't know. I could say that just now

I'm starting to love myself because I am starting to understand every part of me. I am starting to understand my emotions and my actions. Just now, I am beginning to know myself. I guess you learn many things about yourself from the people who have been a part of your life. Sometimes you don't understand why a person becomes a part of your life until that person is no longer with you. I guess an absence can sometimes be more significant than a presence. The definition of love changes as time passes. In fact, there isn't just one kind of love; there is love according to each and every one of us. Love according to our own capabilities to understand it.

IF LOVE WERE A NUMBER *it would be one.* 1

If love were food, *it would be a gigantic plate of spaghetti.*

If love had a form, *it would be* **a circle.** If love were an animal, it would be a bird.

If love were a person, **HE WOULD BE A GIANT.**

If love were fabric, it would be silk.

If love spoke, *it would be very incoherent.* BLA, BLA, BLA If love were **an object,** IT WOULD BE A DOOR. *If love walked,* it would go barefoot. *If love were clothing,* it would be a coat

If love were a natural disaster, it would be an earthquake.

IF LOVE WERE A FLOWER, *it would be a daisy.*

IF LOVE WERE A COLOR, *it would NOT* *be red.* IF LOVE WERE A SMILE, *it would become laughter.*

If love were a tear, IT WOULD BECOME CRYING.

If love were a package,

IT WOULD NOT HAVE A TAG THAT SAID FRAGILE.

If love were a doctor, it wouldn't be

a cardiologist, it would be

a gastrœnterologist. *If love were a career,*

IT WOULD BE ARCHITECTURE. If love

were a song, IT WOULD BE

Besame mucho.

If love were a letter, *it would be a vowel.* A

IF LOVE WERE A PAINTING,

it would be abstract.

If love were a poem, it would not rhyme.

If love were a saying, it would be:

BETTER LATE THAN NEVER!

If love were a street, it would be two-way.

If love were a date,

it would not be on time.

IF LOVE WERE A GOODBYE, IT WOULD SAY: SEE YOU LATER!

If love were a petition... it would not be love.

Love is inspiration. Love is the seed of every creation. Being able to transform an instant into eternity is love. If I love someone, I cannot love just one part of that person because I would be destroying the whole. When you love, you create; you don't take away.

Being happy is finding love. Someone taught me that there is no need to look for it because it's always there—sometimes you see it, and sometimes you don't. I'm talking about the real kind of love: the kind of love that creates, that smiles, that has no mood swings. The kind of love that goes far beyond the physical, the promises, the challenge. Love that knows no boundaries. This is a love we still must learn to give and to receive because we have been busy loving superficially. Since we were children we were taught that love is just an emotion between people. That is why we cannot imagine eternal love—because people are complicated. We tend to expect and forget. If anything is eternal, it is love. Love of everything. Everything we touch, see, hear, and smell. Love of all those things because it is all of those things that remind us we are alive and full of potential. It is about a simple, everyday kind of love that becomes a priority. A love with many layers. A love that comes back to you a thousand times. A love that, when dealing with a partner, means loving every single part of him or her. A coward does not love that way. A coward loves only himself and not life.

Loving someone means knowing who lives inside the person you can see with your eyes. Some people who claim to be in love only see and touch each other, but they don't really know each other. They only love the first layer.

Even though not all relationships are meant to last, they have a reason for existing. It's sad, but many stay in a bad relationship just because they care about what people will say if they break it off. Some people get married just because they have been in a relationship for so long that they feel it's the next step. Peer pressure, society, and insecurity make us stay in a place we don't want to be. It is those who are not aware of their self-worth who stay.

Every relationship I have been in has left me something special. Strangely, it was the one that hurt me the most that actually made me rediscover who I truly am. It was the hurt that made me want to heal, and it was my wandering that made me want to find myself. Every relationship has a mission. We learn to distinguish what is true and what is not. Truth stays forever; what isn't true perishes and is forgotten. I believe it is the truth that makes us grow. Truth can be painful, but at least it exists. A lie doesn't exist; therefore, it is weightless.

Sometimes we don't see what a certain relationship has to offer because we expect what we think *should be* from that relationship. The truth is we drag issues from our past relationships to the present and mistakenly take it all out on the wrong person. Can't our body distinguish between different people and situations? Maybe it's just because we don't believe we can handle a different dynamic. We don't believe we are able to take on a healthy relationship because we are so used to conflict. We run from an otherwise functioning relationship before it has a problem just so that we aren't faced with failure one more time. But it really isn't about failure; it's about learning to overcome. The only way we can start again and again is through transformation. We must learn to take everything with us and learn to be accepting. Once we are capable of doing that, we let go naturally, without trying. You see, when you try to let go, you don't, for the simple reason that you are trying, but when you accept and embrace the good and the bad, what must go disappears silently.

Today, I want to smile after crying for such a long time. I cried for someone I loved with all my heart. I still do but in a more complete way, "complete" meaning freeing myself. Only by being free can we truly love. Nobody belongs to anybody. I found out that every single person who comes into our lives has a purpose. They are with us for a certain time. Some stay longer and some only for a brief moment but all for a reason. Everyone happens for a reason.

Some of us are like those rocks that people must break open in order to find their inner beauty. And in the same way we welcome someone into our lives, we must know when to say good-bye. There isn't a greater love than the one that knows when to set someone free. It hurts to let go of someone you love even when you think you don't anymore because what if you still do? I believe it hurts more trying to hold on than letting go.

Life is made up of moments. I have become someone completely different, for a moment. I have moments when I don't know how long it's been since the last moment. A moment can change. A moment can save. A moment can destroy. A moment is everything, and love is just a moment.

Now, more than ever, I have come to understand that love is a reality. A fact. Actually, it is a living thing that moves, transforms, and becomes part of a bigger living thing, which we call existence. What happens to someone who stops loving? He stops existing. Love is not a heart; it is a circle, like the earth. Like life. We end up where we started, always.

Yesterday I found out how incredible it feels when you see yourself in the eyes of someone you love, knowing it isn't a reflection but that you are actually inside that person. That kind of happiness is the thickest layer of love.

Time has made love a synonym for pain. If I had written this book a few years ago, I would have agreed, but love is everything except pain. It is the absence of hurt. Pain is the problem we have when we are attached to someone or something. Pain is a poor comprehension of true love. Pain only exists when there is no love. Actually, pain is an indicator that something is wrong. So what do we do if we feel pain when we love? Maybe the pain we feel is that exact moment when we are about to figure out what real love doesn't feel like. It is the midpoint, like the zero that exists right in the middle of positive and negative numbers. Everything starts from zero, and to the left, we have the negative numbers, which are really imaginary. To the right, we have the positive numbers, which are the real ones. What am I getting at? Well, some of us, when we love, tend to do it while on the left side, the negative side, where the love we feel is what we imagine it to be. When we love on the positive side, we experience real love. The zero would probably represent the heart: that neutral place where everything begins. I guess it's important to experience both sides in order to know the difference. The heart always finds a way of letting us know when it is a positive or a negative relationship. The question is: do we obey? Or do we keep lying to ourselves?

Why do we cry when we stop loving someone? Maybe because we try to hold on to something that must fly. Shouldn't it be easier to let go when we don't love anymore? Maybe it's not about loving or not but about accepting reality. Maybe we cry because we don't accept new situations. May be we cry because we are used to a certain feeling, and we are afraid of not feeling anymore. I think we cry because we don't understand. What is there to understand? Well, it's simple. When we have truly loved, there is no end. No matter how far or how close. When there was no real love, it is forgotten with time. As the saying goes, "Time heals all wounds" because love that isn't real leaves a wound. Real love is forever. Do you think there is such a thing as destiny? Do you think it's true when someone says that, if it is meant to be, it will happen? I believe destiny is decisions, and that's all. Every decision takes us to a different decision and so on, and that is what destiny is made of. In a way, I think that certain sayings actually liberate us from responsibility. If you want something to happen, then make it happen, don't rely on "meant to be." What I do believe in is harmony and energy. If there is something that doesn't flow and does not belong, then don't insist, because it will break at some point. I believe in positive and negative energy. We enter and leave levels of vibrations many times in one day, and they depend on people and emotions. I don't believe in good or bad, just positive and negative vibes.

I believe we all go through relationships that make us question ourselves. Most of the time, those relationships appear to be negative, but they are quite the contrary. We tend to run from them, but it is those relationships that change our lives. People who change us in a positive way make us open our "things that bother me" box and force us to face our fears. In that box, we put away emotions that we believe we can set aside, thinking they will someday disappear, but they don't; they keep getting bigger till the box breaks open. It's pretty much what happens when a can of food is expired: it bloats. Sometimes the people who make us question ourselves are people who don't accept us the way we are and that can be just what we need. It's not true when they say that people have to accept you the way you are or love you just the way you are because what if the way you are at that moment is not your best? Thank God for people who don't accept us just the way we are. They make us see things we are not able to see in ourselves. It's incredible, but there are people who never question themselves. Ever! They spend their lives collecting beliefs that were handed down from earlier generations without knowing why or what they're based on. There are people who live on the safe side, never form any doubts, and run away from challenges. These people only live partially. They never live as a whole. They are never complete. In order to be complete, you must risk, and you must lose certain parts of you. It sounds contradictory, but I guess that anyone who stays away from imperfection for the fear of making mistakes never finds completeness or oneness. I think that people who don't question themselves are afraid of change. It's absurd because we are always changing, even if we don't want to change. I don't remember who said it, but it's true: "You can't ever go into the same river twice because it's always moving." We are all rivers that end up in one common ocean.

Sometimes we get an uncontrollable urge to fix a relationship in one day or as fast as we can, but hurrying is not the way. It is the need to see an immediate change in your life that shows the level of unhappiness that you are experiencing. Change comes with change. What I mean is that we must change in order to change. Again, it sounds a little redundant, but there are people who want to see change without changing themselves, and that is pretty difficult. I guess the problem here would be the word "need." Once you need someone or something, you depend on that person or thing to be happy. Your emotions must never depend on anybody or anything. Your happiness or sadness must only be a product of your own self. I guess the more you need people or things in order to be happy, the more you actually need to look inside yourself and be on your own for a while. I believe that people who don't know how to be by themselves are not very good partners. Maybe they aren't satisfied with their own lives, and they need others to make noise around them so it will cover up the things they don't want to face. But noise only makes things more confusing. I found this out when I was in a relationship in which I forgot about myself completely. Needing that person had nothing to do with the love I felt for him, but the love I didn't feel for myself. The love was there, and it was real, but I wasn't complete, so I loved in an insecure kind of way. Today I am complete, and I can see things I wasn't able to see before. Nothing in life is more important than one's self. It's astounding how certainty comes into your life when you are prepared for it. It usually takes place when you come to know yourself. Life starts to give us answers when we are ready for them. Life somehow finds a way to send us the necessary experiences needed to learn and to grow. We are all different, so we all have different experiences. Each new experience takes us to another and another, and when we take them for what they are—experiences—we grow, and we evolve into more mature human beings. If you consider an experience an obstacle, then growth and maturity will be extremely challenging. The more life experiences you have, the more information you will have for the next events in your life, both negative and positive ones. It's like when you see a new word in the dictionary and learn the definition. Since you found this new word and discovered its meaning, you hear it everywhere. It's funny but true. You know why? The word was probably used in front of you before, but since you weren't aware of its existence and didn't know the meaning, your brain didn't register it; therefore, you didn't hear it when somebody pronounced the word! So can you imagine how many things we can't hear or understand because we don't know the meaning? That is what life is about: meaning. We must try to understand as much as possible about our own lives in order to find meaning!

In life, there are many different levels of understanding, and what level you are on determines the people you attract. Sometimes the people who you once considered your friends are now far from having anything in common with you. That is why you are now on different levels of understanding. Part of the real journey to transformation is knowing that we all have different roads to take and that it is always better to follow a new one than to stay on the same one for fear you will get lost. Remember, you must first lose yourself in order to start looking. Once the journey begins, you will eventually find yourself.

When you find someone on your same level, you understand. You simply understand.

Talking about Being Alone

SOLITUDE HAS SHOWN ME THAT TIME
BELONGS TO ME AND THAT
SILENCE IS WISE

While being alone, I have discovered the meaning of my existence. Alone, I can find what I have lost. For many people, being alone is being without anybody; to me, being alone is being with myself. Loneliness has nothing to do with the presence or the absence of someone; it is a state of mind. It can be negative or positive, and it is usually a reflection of one's self. Knowing how to be alone is important in order to feel complete. When you share a quiet moment with somebody and enjoy it, you know that someone is special.

Talking about the Heart

THE REWARD THAT RESULTS IN GIVING
FROM THE HEART IS THAT WHICH
YOU FEEL AND NOT THAT WHICH YOU RECEIVE

The hearts that suffer are those that aspire to become something more but cannot move because of the weight they carry. How do we unload a heavy heart in order to carry on? When you don't forget is when you can go on. Most people think that in order to go on, one must forget, but I believe it is the other way around! It is not necessary to forget someone we've loved in order to love someone new. We must recognize how grand or how painful our past love was and take it with us because it has a place in our lives. Only in that way do we learn to share our real selves with others. Why would we want to take out parts of our memory if it is those moments that made us who we are? When we show our true selves, we can love in a more secure way and therefore take a new love into our hands with a lot more to give. The truth is that, when something is real, it is never forgotten, even if we try. So what is the use in trying to forget? You're just making your heart work for nothing. Remember that which wasn't real goes away on its own!

Sometimes the heart feels a sudden rush, an intense pain that doesn't seem to go away, a confusion that seems to take over. Sometimes the heart stops beating. Sometimes it changes its rhythm, and other times it beats faster. The heart does all this for only one reason. Even an organ knows that it isn't enough to just exist and function as expected.

The intentions that come from the heart are rarely recognized. Sometimes people say that being good gets you nowhere. A deed from the heart usually goes unseen because the heart does not need recognition or a pat on the back. The heart, in its simplest and most sincere essence, is invisible. The most valuable things in life are not seen, and that which we can see does not last forever. You can do so much for someone without knowing it, and someone can do something for you without you ever finding out! I am so thankful for those who have marked my life. Many don't even know they exist in my life, let alone that they made a difference. One of the most exciting things in life is being able to change somebody's life with just words or a kind act and remain anonymous. Isn't it like magic?

Talking about Fear

SOEMTIMES THE FEELING OF FEAR
IS GREATER THAN THE FEELING
OF LOVE.

At some point in my life, I thought that success was measured by other people's approval. For some people, success means money; for others, it means fame. We all have our own definitions of success. For me, success is not a social or a material kind of thing. Success is personal. To find yourself and to always have a smile for someone else is being successful. There are many roads to success, and most of them commence in panic. Panic, in the eyes of many, is a limitation. It will limit you if you let it take over, just like many other sensations if you let them dominate you. If only we were taught as children that panic is merely a reactive feeling toward something unknown and not a real fear, maybe we could discover what's on the other side of panic. Sometimes the sensation of panic is an indicator that something big is about to happen, like success, and being successful brings on a lot of responsibility. Responsibility is compromise, and compromise means being serious. We are all afraid to grow up, to be responsible, and to be serious about something. Fear at this point can be pretty real.

Life places us in situations in which we are expected to react, and the ability to respond is "Responsibility!" If we learned to have immediate responses to every situation in life—and by immediate I mean not putting anything off—responsibility would become a habit or a discipline. The ability to respond matures with the various life situations we experience. It's like a muscle: the more you exercise it, the stronger it becomes. Of course, there are times when life throws the unexpected at us—and not only the unexpected but the terribly unexpected—and even then, it seems like the universe has a reason for its bad timing!

I feel I am more girl than woman because I am so afraid of growing up and becoming responsible. Many people stay behind in life because of the fear of being better. It sounds ridiculous, but to actually invest in becoming a better person in every sense of the word conveys hard work and decisions that lead to responsibility and finally maturity. Now that's scary! What makes us mature? Most of the time, what makes us mature is what makes us hurt or suffer. In a way, it almost always has to do with loss. It sounds logical that we have to lose something in order to find it, and only in finding do we actually mature. When we grow, we understand that maturity means love. Life is about learning to be human and mastering the art of love.

Sometimes fear is greater than love—the fear of giving it all and receiving nothing in return. But what better reward could there be than the feeling you get from the act of loving? He who loves knows that he receives in giving. Maybe fear is love itself in a different way. For example, sometimes those who fear living do so because they love life so much and are scared of doing it all wrong! You must never resist anything you are afraid of. That which you resist persists. That is why we must let what we fear penetrate us, and only then will the process of healing and of becoming free really begin. Once we get closer to what we really want, we start going through an endless chain of emotions: happiness, anguish, uncertainty, and even pain. Sometimes the pain will either take us away or take us to the place we want to go. It is not my intention to see the negative side of things— quite the contrary. I believe we need to take in every single emotion, positive and negative, and understand that it is only through complete resignation that we get true light from the darkest moments. They say that the truly courageous person is not the one who is not afraid but the one who is afraid and keeps on going.

Talking about God

YOU KNOW YOU HAVE FOUND YOURSELF
WHEN YOU REALIZE WHAT YOU'VE LOST.

What or who is God? A sudden awakening in the midst of chaos. I believe that the search for God is necessary in the life of every human being. You could say God and Meaning are synonymous. To know God is to know oneself. To know oneself is to know God. I repeat the same phrase in two different orders because there isn't a correct way of finding oneself or God. I think we are born knowing, but as time passes, we forget, and it is by forgetting that we drift away from life's true meaning. We get entangled in the ego, and it gets harder and harder to remember who we are. I have the power to change my life. When people say "It's in God's hands," it's really in our hands because God is the power we have within. I am not saying God does not exist. I am saying God is a force, a powerful energy that disappears the moment we believe God is a person who judges and punishes or has anything to do with social or moral issues. The God I believe in is the one who has faith in me. Faith is love, and with enough love you can actualize anything. I think God is all the questions, all the answers, and all our doubts. Actually, God's image changes as time changes. His face changes just as we change. I would like to make it clear that, when I talk about God, I am not talking about religion because a religion is an organization and a doctrine; it is learned and it limits us. God has no rules; it is not something we learn; it is something we are born with. A religion has a beginning, but God has no beginning and no end. God is and always will be. I was raised Catholic, and I remember "praying" as asking or begging! I remember the exact words: "I beg for your forgiveness." My religion taught me to ask for things and not to work for them. It taught me to have faith and to believe in someone greater than me. Is God someone greater than me, or am I someone as great as God? This is my version of God and my relationship with such an immense force: If I suffer, I am close to God. If I am happy, I know God. If I "know," I am God. God is where I least expect. I believe in miracles because I don't believe everything has or must have an explanation; besides, maybe a miracle has an explanation, but we just don't know it. Wanting an explanation for everything means wanting a definition, and the more I investigate, the more I have come to understand that there are as many definitions for one thing as there are people in this world. How many definitions are there for Love? Love is real for each and every one of us in different ways. For me, one of the best definitions of Love is Hegel's way of describing it: "The true essence of Love consists in abandoning self-consciousness, in forgetting one's self through another and even more, to redefine and possess one's self through this detachment."

Can't anybody see that, if we can handle so much pain, it's because there is so much more love that helps us stand it? The reason for living is to find meaning in our existence. What is most important is that we are all dealing with our souls and that this body we are born with has nothing to do with who we truly are. Love is what keeps us together. Love embraces everything and everyone. How blessed is he who only has love to give: a genuine person without expectations, eager to receive from a person only what that person is able to offer.

How blessed is he who doesn't judge, who doesn't just talk and talk, who understands. How blessed is he who finds peace!

We live in an era full of possibilities, full of information, and nothing is the same. Today there are many options and the liberty to choose. Life has changed for the better. Many believe it has changed for the worse, but people who believe that are afraid of change. Time changes and evolves. We must be part of such movement. We have to, or we deteriorate. Every true awakening or change must go through a period of crisis and chaos, and that is precisely what this world is going through. To live in today's world requires us to be flexible in every aspect of life: religion, love, morality, and social issues. We must help our world by accepting change and not fighting it. I guess it all boils down to being happy. Is happiness hard to find? Or do we look in the wrong places?

The truth is: religion doesn't matter; it is what we do to find happiness that truly unites us with God. It is where we look that leads us to that search.

Talking about Art

NEITHER ART NOR LIFE CAN BE LABELED.

I have always thought that a work of art "transcends" not because of the work itself, but because of what was expressed by the artist at the moment of creation, that something that flows from the soul. Just like Antoine de Saint Exupéry says in *The Little Prince*: "What is essential is invisible to the eye." The essence is bigger than the problems, the lies, and the masks of a person. Nothing in this world can blur it. In the *Dictionary of Philosophy* by Nicola Abbagnano, Aristotle defines the word "essence" as that which responds to the question "What is?" Essence, as a form, may also be conceptualized as that which the object cannot cease to be and as a response to the "why" of the object itself. My definition of essence is closer to the former, but—instead of responding to "What is?"—I believe that the essence of humanity responds to the question "Who is?"

Francis Bacon once said, "There is no excellent beauty that hath not some strangeness in the proportion." I consider real love an excellent beauty. I don't believe there is proportion in real love, but there is in caring. Real love is enormous, and within such enormity, something must exist to steer us away from the "typical," from expectations, from what is conventional. When this happens, it is real. I know that some will think that I am confusing real love with passion; however, I think that passion is love just as others consider caring to be love. It is necessary to remind myself that all that I believe is based on the premise that "truth" does not exist, only perceptions. Thus, my perspective on love is merely that, a personal opinion; and any intent to invalidate other forms of loving would result in limiting love itself. Art is not meant to be understood because to understand art is to constrain it. I think art that employs disproportion is marvelous. A work that finds order amidst chaos leads to art's most sincere realm. I don't believe in art critics, but I do believe in works that transcend, just as I am certain that there are special people in this world. A work of art is not art but a representation of life, a feeling, an emotion, a great confusion, or an epiphany.

The painter paints. The artist does not know how, when, or for whom to paint. The painter explains the object of her work with confidence. The artist does not understand his work. The painter admires her creation; the artist only enjoys that which is not meant to be framed.

A work that expresses the artist's intent has no need for a title. "Untitled" encompasses much more. So many other things in life would be better "without title." Life is like art: when it comes from the heart, the artist unleashes her best work, but work done to please others is likely to never transcend. Art and life evolve with change because to change is to recognize the existence of cycles, and cycles are movement. Some say that people don't change. I don't think this is the case. Of course people can change! However, more than a matter of ability, it is a matter of will.

Developing the will to change may be one of the most difficult undertakings, but when accomplished, it fosters the evolution of the soul. The majority of people fear change.

Sometimes I believe the reason money handed to you after purchases is called "change" is because "the change" is in your hands! It appears that absolutely everything in this life bears a message; if you look for it, you will find it. For example, every day you see pairs of scissors and happen upon them. When you need them, they are nowhere to be found. The more you look for them, the better they hide from you. Hint: don't look—just find. Such is love, luck, and money; such is life.

I was thinking about art and what it means. I am reading a book about Jean-Michel Basquiat, and I think it's curious that the author found it funny that people would ask him for his academic record. He had not studied anything. He took a sheet of paper and wrote down his date of birth and the dates when he started and quit school (high school), misspelling many words in the process. He also noted that he had not been very good at drawing during school, which made him laugh when he began earning large sums of money. And he said that if anyone should ever again ask for his record, he would give them a description of his hands. An academic record has no place in art. Art speaks for itself. Art exists because it ceases to be what is expected, what is conventional, correct, legal.

To secretly enjoy chaos and distortion, knowing that others think the opposite, while you're the one who feels upside down, is not easy. Being someone who is constantly waiting for a sign to be transported to a divine state of being isn't easy.

To be a lover of beauty, beyond what others conceive to be beautiful, is to possess the mind of a creator. What am I getting at? It is not easy to be a creative person.

I don't know if creativity is an innate human attribute or limited to only a few. The only thing I know is that those with the power to create cannot live without doing so and will continue to create until they die. In his work *The Book of Woman*, Hindi philosopher Osho speaks of creativity as an energy that is as creative as it is destructive. He speaks of Hitler and his desire to become a painter, but after failing his school entrance exams, all that energy turned destructive. Imagine all he could have accomplished if all that negative energy would have been positive. I believe that the main reason creative people fail to develop their highest potential is that they divert their negative thoughts toward destructive behavior until they materialize that which is in their mind. Within this incoherent realm, there is something very special about the life of an artist, the moment when she creates something unique, which encapsulates a specific sensation. At this moment, one feels closer to God than ever. And I am not sure what I would call it. Maybe those moments, though brief, are worth all the emotional seesawing that the creative person endures. And what makes a creative person an artist? The artist that transcends is one who touches the bottom of our hearts with only one work and does so not because he created an image or a bar of music but by conveying a feeling. A feeling that never ends.

Talking about Change

UNEXPECTED MOMENTS ARE MORE CERTAIN
THAN THE EXPECTED ONES.

Today, I leave out parts of myself. Out are the clouds that were cast over my eyes. Out are the thorns that had settled in my hands. Out is the glue that had covered my mouth. Out is the mud that had filled my head. Out are the ribbons I carried in my hair. Out are the flies that nested in my ears. The clouds may return to the sky "if it does, in fact, exist." May the thorns return to the trees, and may the glue find another place to adhere. May the mud turn into earth, and let the water run free. May the ribbons adorn someone else. May the flies take flight. Everything in its place, everything where it belongs.

I want to learn to enjoy life and do what I love. Yesterday, I saw a movie that conveyed a great truth. In life, there are only three certain moments: birth, death, and change. I believe that enjoying life is recognizing that existence is constantly changing—people, relationships, oneself—and trying to halt the process of change is swimming against the current. Many conflicts arise from the inability to accept that the world and its people change and that, if they failed to change, they would never discover that there is always something better; that there is never something or someone alike or unchangeable.

There are moments when I have felt that things change for the worst, lamenting that something is no longer the way it used to be. It feels that way in the beginning, but I have discovered that everything has its time and that time has a purpose. Emotionally challenging moments cease to burden us when we inquire why we had to live them and discover their significance.

We must change strategies and lifestyles to get what we want. It is not good to dwell on a limited view of life, especially about love. We must take different angles on life to gather different perspectives. There are so many scopes that we fail to see and so many possibilities that we fail to distinguish simply because we stand in a place that hinders our perspective. If I am in a penthouse with an ocean view but am always in the kitchen or the bathroom and never see the ocean, this does not mean that the ocean does not exist. It simply means I cannot observe it from where I stand.

Talking about Beauty

LIFE IS ABOUT ALL THE BEAUTY
THAT WE CANNOT SEE.

It is believed that beauty has to do with what we can see, but this is not so. A wise person said that a flower may be very beautiful, but even more beautiful is what made it bloom. I think that what makes us insecure is believing that the outside matters. There are sufficient examples that evidence how minutely important the visible really is. But we cannot understand this until we meet someone that captivates us by her words, actions, emotions, and also for what she does not say, does not do, and does not feel. It is as simple as never rejecting what has potential solely because what is outside is not what is commonly referred to as "beautiful." What is the physical anyway? A chocolate candy wrapper, a book cover, a shoebox, a leather purse, the façade of a structure? The physical is exactly that: everything that we eventually put aside to discover what lies within. How many of us go through life wanting to be another person? What is even sadder is that we aspire to become a different person—which is a lesser achievement than becoming yourself! Sometimes it seems better to be another person than to be oneself. Isn't it easier to just be yourself?

Being yourself is being "the original"; it is being from the beginning and never ceasing to be.

This is where beauty lies; it is that which never ceases to be.

Talking about the Soul

THE SOUL SOARS WITH THE GRACE
OF A BUTTERFLY AND THROUGH IT
WE LIVE OUR METAMORPHOSIS.

Something different happened to me today, and I loved it. I was waiting for the stoplight to turn green when, suddenly, a teenaged boy stood in front of the car and asked, "Would you like to hear a poem?" I answered, "Yes," and he recited a poem about solitude, stating that when we are alone, we discover true love. Just like when we are completely alone and contemplate the noise made by a leaky faucet, alone we learn to contemplate parts of love that we could not hear or feel before. He asked if I had enjoyed it, and I told him I had. I asked if he had written it, and he responded that he had not, that it was the work of another poet whose name he did not recall. What I enjoyed most of all is that he did not try to sell me anything or wipe down my windshield. He simply asked me to donate whatever I wished. I gave him ten pesos. Ten pesos for a moment in which I learned something very important, for a moment that, in a way, belonged to me. The significance of this is that listening to a stranger can sometimes be more rewarding than listening to someone you know. When someone answers a lingering question that was never asked, it is an answer from the soul. I am certain that we have all lived meaningful moments. During springtime, I enjoy watching a large white butterfly that wanders where I live. She reminds me that, no matter what happens, there is always something to hope for. The butterfly is not a metaphor or a story; I actually see her, and she really conveys this thought. The butterfly *is* metamorphosis.

She symbolizes change, transformation. We are all in constant transformation, and every time I see this butterfly, I know that surely a positive transformation awaits me. The white butterfly also reminds me of the soul. I feel that the soul soars with the same grace as a butterfly and that, through the soul, we live our own metamorphosis. Aristotle defined the soul as the substance of the body. To me, the soul is clarity. A butterfly is a living image of the soul and what it represents.

Talking about Spirituality

OUR TRUE LIFE JOURNEY IS A
SPIRITUAL ONE.

Spirituality is the place where our consciousness arrives when we understand that existence is a goal to be achieved. A spiritual being is able to decipher and accomplish what she desires. To arrive at spirituality is to fulfill your calling in life, and as Vincent van Gogh once said, "Your profession is not what brings home your weekly paycheck, your profession is what you're put here on earth to do, with such passion and such intensity that it becomes spiritual in calling." I think that a truly spiritual person learns to remake herself. We are all born whole, and at some point in life, we are broken and dismantled. Spirituality does not understand a clock's time. It does not know about minutes or have deadlines; everything is an eternal instant. Is pain necessary to reach spirituality? Pain is the key to growth. When our souls feel pain, we stand before a bridge, and that bridge is crossed if we live through the pain, not if we cover it up. Pain is a warning. For example, if we did not feel pain, we would not know if an arm is broken or if the appendix is about to burst; without pain's warning, we cannot realize the need to heal. Without pain, we cannot heal! No pain is greater than us because it is a part of us, and a part is never the whole.

Talking about Depression

THERE COMES A TIME IN LIFE WHEN YOU
FEEL MORE LOST THAN EVER BEFORE.
THAT MOMENT
IS THE BEGINNING OF A JOURNEY.

I never imagined depression as a little girl. What it feels like to be locked in a never-ending hollow space, where dreams become a pebble in your shoe. Where you find yourself in "nothingness." It would be nice if "nothingness" really was nothing, but in reality, it is everything. In this place, everything turns into a useless question that leads us to a useless answer: "I don't know." When you are in "nothingness" it seems like the world is a giant and so are other people. You have the feeling that everyone is looking down on you; you even feel the weight of their stare, and it wears you down. There is a moment in each of our lives when we suddenly find ourselves in this vast yet tiny place. From my own experience, I can say that, excluding clinical depression, being depressed is a choice. A person must decide to remain in a self-destructive state. Depression arises often in people who are unable to accept loss or cope with the changes in their lives. Becoming depressed means you would rather welcome sickness into your life before accepting change. It's never good to be sick, especially if the sickness is because of a missing piece in our lives or because we're trying to conform to something or someone we're not meant to be. To settle for sickness would be like applying anesthesia to the part of your brain that controls your development. Conformity can grow within us, at the workplace, in a relationship; and in all cases, it is like being half-dead. Certainly, depression is caused by living a life absent of changes, a stationary life full of unnecessary fears. I'm not sure which is worse: being depressed or watching someone you love lose hope.

Witnessing someone who I really love in that state, I realized that a big part of non-clinical depression is based on egoism. When I went through depression, I did not think about all the pain I caused the people who loved me until I observed someone else in that state. I did not notice anyone else because I did not consider other people; I only cared about myself. Now that I've been on both sides of depression, I am able to discern more clearly when you're not willing to wake up and when you wish another to awaken. When a person begins to heal, she becomes aware that life is more than a caprice; life requires daily effort. One realizes that life should be more happiness than suffering and that the meaning of life is found in what you do. The meaning of life is found in what you do for your own good and for the good of others. Noticing our mistakes is not what leads us to depression; rather, it stems from not taking notice of our mistakes. I choose to believe in an eternal energy that forbids me to abandon myself. Depression arises when you cease to exist.

Do not cease to exist because nothing is resolved by your absence. I learned that it is in our nature to do everything to be happy; suffering is not human nature; so when you think you've hit rock bottom, believe it, and do something about it. You should not allow the feeling of failure to take over because the only sure way to fail is to quit trying. There are moments in life that seem to have everything in their favor and others you can't seem to find the way out of. The difference between these two moments is your attitude. Emotions are indicators of something very important. Just like when we get a toothache because of a cavity, our souls hurt when we face a challenging event. Why do we immediately attend to a toothache and fail to respond to pain that encompasses our entire being? Maybe because we're used to fast-paced lifestyles, in which everything is quick and easy. Depression does not heal within 24 hours; it is a process. How much do you really love yourself? More importantly, are you placing your happiness in the hands of someone else? The biggest disillusions form when we believe that someone else will make us happy. Do you realize how much responsibility you are placing on that person that you claim to love? Not only that, think how easily you abandon something that belongs only to you. Only you can make your life fulfilling and worth sharing with others. Good things come from periods of depression when we are open to them and accept them; they are opportunities for growth. We should not fear what we don't know or what we believe to know. In his book *The Happiness Project*, Ron Leifer, says that "accepting confusion is one step closer to clarity." I consider depression to be a state of confusion.

Talking about Time

EVERYTHING HAS ITS TIME, AND
THAT TIME HAS ITS PLACE.

Today:

Don't doubt yourself. Believe in everything and everyone. Change your opinion several times. Think only of things that make you smile. Don't doubt anything. If you change your mind today, it doesn't mean that you doubt but that you have learned there are different alternatives. Start what you have planned for such a long time. Put in practice all that you have learned. Talk about your feelings. Change the things you don't like. Thank someone for their help. Don't think about tomorrow. Tell that person who you are avoiding what you want to say. Follow up the phone call you promised your friend when you ran into her on the street. Enjoy what you have. Don't cry over what doesn't belong to you. Don't cry over what has not been lost. Be patient. Be strong. Accept. Know that today is what you make of it. Hurry up the healing process if something hurts you because today is the only thing you've got. It's your life, so do what you have to do.

Every day we encounter self-help words. Some don't affect us, and others are heartfelt. It all depends on our attitude. It's good to want to help ourselves because, without self-help, outside assistance would not be beneficial. When I say that all we have is today, I don't mean today is our last opportunity; I mean today in the literal sense, as the only thing that is real. It's true. Today is all that exists. Yesterday is only a word that helps us frame the past, and tomorrow is a word that helps us frame the future. But in all cases when we create, when we are active, when we realize that something has happened or that something is likely to happen, we are in the present, which is today. Yesterday, today, and tomorrow are happening at the same time, assembled together in the present. This is why we frequently say, "It seems like it was only yesterday," referring to something that happened years ago. Time is not real; what happened occurred only moments ago. We have fragmented time into seconds, minutes, hours, days, weeks, months, years . . . we have learned to live this way to organize ourselves. If it weren't for this, an entire life would be one big moment, and in reality, that is just what it is! That's why today is your entire life.

Talking about Doubts

NOT KNOWING IS PART OF THE MYSTERY
OF LIFE. TO KNOW IS TO PENETRATE
THE MEANING OF EXISTENCE.

A labyrinth full of questions and answers would not make sense if it was without doubts. Doubts form the bridge to reason. Only an aimless doubt would be useless. An aimless doubt would be to ask yourself something without searching for the answer. If in order to make progress you needed to answer every question, you would be stuck if you remained in doubt. A doubt would be useless if you did not find the answer. We start to lag behind in life if we fail to resolve our doubts. Many times, these doubts take us to other doubts, creating a mental labyrinth; however, as long as we are figuring out answers, we are on the right path. And when you realize the distance you have traveled, you will never allow yourself to remain in doubt. It is horrible to remain halfway and see others pass you by; it's horrible because we ourselves are responsible for this. We all have doubts, and they are ours. Nobody can provide us with better answers than the ones lying before us on our path. Throughout life, it is difficult to resolve doubts, but it is much harder to live and never find out. I've been questioning things that I thought I believed. I believed everything I was taught. Now I believe in what I have lived. I believe only in what I feel—and only that because I can't even trust my eyes and ears. I don't believe everything I see, let alone everything I hear, because most of the time it distances me from reality.

Talking about Friendship

YOU KNOW SOMEONE IS SPECIAL
WHEN NOTHING CHANGES, EVEN WHEN
THEY'RE NOT PRESENT.

Where does a friendship begin? What if the word didn't exist? Maybe there is no such thing as "friendship," and there is only plain and simple love. Sometimes I think that feelings should not be categorized because we limit them. Feelings are spontaneous, and they appear all of a sudden without warning! It is not my intention to make love a more confusing matter—rather the contrary. Maybe everything is just love, and we shouldn't worry about what kind it is.

Sometimes I believe that a relationship fails because it is based on what is not real. A relationship of any kind will never endure if it is surrounded by lies, envy, or anything that is negative. An everlasting relationship persists because it does not feed on any of these things. A true friendship is made up of just two things: love and acceptance, that's all. True friends listen before they talk. True friends want what is best for others as well as themselves. True love is as clear as water.

I looked up the root of the word "friend" in the dictionary and found that it comes from the Latin word "*amicus*," which means "to love." So I was right when I said that maybe the word "friendship" is not necessary. It's just love. It's as simple as that. So many things could be simple, but we complicate them. Love is one of them. A true relationship is a simple one. Sometimes I think of how scarce true relationships are because only a few people know how to love without expectations.

Today I've been thinking of my real friends and why I consider them true. I know they are special because, even if I don't see or talk to them every day, they are with me.

There are those who act as if they are true friends, but they aren't because they're acting. It happens a lot. People who act are those who have some an interest other than friendship. Those who act are ones who make a business out of a friendship. Those who act are the ones who only know how to receive without giving. Those who act spend a lifetime looking without realizing that a friendship is found.

It's good to have friends, but one should never depend on them. And even more important, never expect them to give the same way you do. For me, friendship is about sharing, sharing only what is true. I just hung up with my dear friend Ana. No matter what happens, we are always true to each other. She is real. She is true. She is always present.

There are people who we cherish. People who occupy a special place in our lives. People we love and forgive above all things. Those people are special and become part of us because, at some time in some place, we shared something that will last forever.

Friendship = Independence = Love

Talking about the Power of Words

OFTEN IT'S NOT THE WORDS THAT
ARE SPOKEN, BUT THE PERSON WHO
SPEAKS THEM.

It's not easy for me to express myself with the people I love. Sometimes I want to say so much that I end up contradicting myself. Sometimes our voices get stuck in our throats, and what is spoken is not what we planned. It's as if an evil fairy took control of our words and decided to let out only those that are meant to offend.

When we regret what we have said, we must act immediately. I don't believe in pride, especially when it concerns a person whom we deeply care for. It is wise to change your mind. The phrases "Sorry," "I love you," and "I miss you" are not useful when they aren't spoken! Imagine that all your feelings are bottled up and you never have a chance to set them free. This would be an asphyxiating experience, and I believe that being able to express ourselves is a blessing. The ability to communicate what we are thinking and feeling is, in reality, what connects us with everything. Everything becomes malleable in the moment that we decide to engage, and life demands that we participate as completely and sincerely as possible. To show ourselves from the inside out without holding anything back: absolute expression. We all have different ways to express ourselves, and they should all be welcome so long as they are respectful. It can be dangerous when someone expresses beliefs that are offensive to others; however, many times, what one day offended us later becomes part of our life. This happens when we are open to listening and experimenting so that we are able to choose our own ideals and lifestyles. How much power do words have over us? As much as we allow them to. Someone can tell me something positive about myself, and I can choose not to accept it. Or someone can speak negatively about me, and I can choose to accept those words . . .

or vice versa. Often, it's not the words that are spoken but the person who speaks them that matters. In some cases, the words come from a source that we recognize as lacking credibility. So why give importance to voices that we know to lack truth or even the intent of truth? If we had to pay to talk, we would surely think about the words we chose before we spoke them. But it does not cost money; instead, there is an emotional cost, which I think is much higher.

In this material world, when something has a high price, we tend to regard it as something of high importance. Such is the case with seat belts. There is a seat belt in the car to be used and to potentially save our lives in an accident. We are told that the device can save our lives, but we are too lazy to use it or don't want to wrinkle our shirts. We decide not to wear it! Now, when laws are made that say if you don't wear the seat belt, you are subject to a fine, all of a sudden most everyone uses the seat belt. It bugs me to see how we misjudge the value of so many things. Some people worship money and regard it as more valuable than life itself. The value of things and of people winds up being the same as that of words: whatever value we perceive them to have. Yesterday I said something about someone that made no sense. At that moment, I felt like I had a right to speak my mind and express myself. But is talking about another person truly expressing yourself? I don't think that any of us has the gift of being able to speak truthfully about someone else. What really happens is that we speak about another, according to *our* truths. We can only speak about ourselves if we want to be right. I should never talk about what another person is because there is no way for me to know. If at any moment I said that there are those of us who are more in tune with the emotions or feelings of others, more in tune than the observed people themselves, it is because I believe there are connections through which we can see other people's souls. But not even then could I say what another person is or is not. This may sound somewhat complex, but I think that, when we judge, we err. Judging is a serious matter because words are important, and since we all have the power to attribute value to them, different interpretations may arise. When we judge, we run the risk that our words become so heavy that we are unable to shake them off. To not judge is to understand so many things. Do you know why a judgmental state of mind is not good? Because it is immediately incorrect. The moment we judge someone else, we can hear a voice say: "Be careful because you could be wrong." And most of the time, we are.

Talking about Wanting to Die and Wanting to Live

OF ALL THE THINGS THAT ARE WORTHWHILE,
THERE IS ONE THAT CONSTANTLY GOES
UNNOTICED: LIFE.

(YOU ARE HERE FOR A REASON)

How much truth lies in illusion? Sometimes I think that even truth is an illusion. Does one need to become disillusioned to know for certain?

I ask myself what lies in the heart of a person who desires to die. I don't care about what's on her mind; what matters is what she feels, not what she thinks. So many people feel it's a cowardly act, but that's not the whole story. With time, I have learned that there are no concrete definitions, only an extensive gambit of opinions, just as there are thousands of shades of green. It's amazing how the answers to life's big questions are right in front of us, yet we search far and wide to understand. We place our own self-worth in the hands of others, and we refrain from truly getting to know somebody for fear of "failing" or "losing." There is great beauty in the "horrible" events of life, in pain, in sadness, and in disillusion. Contrast exists. I cannot imagine an eternal smile: it would be exhausting. It's so easy to find what we are not seeking, right? What are you looking for? I have stopped looking. I used to look for something, but I could not find it because it was not a part of me. It feels like we arrive on earth via a great explosion, and we go through life looking for the thousand little pieces that were lost until they are found and we become whole again.

I don't know if it's better to look for them or to let them slink back as if they were magnets. That's what I mean when I say that it's easier to find what we are not looking for because sometimes what we seek does not belong to us and what does belong to us finds its way back. We are all at the beginning of many different roads, and each one has its own purpose: to return. Death is likely to be this way. I am not sure about the topic of death because, although I've witnessed the death of loved ones, I have never had a close encounter with death. I know more about the desire to die than of death itself because I have experienced that desire and I am not afraid of it. I accept the fact that I'm not a very positive person, although I've changed with time because I've learned a lot about positive thinking and its enormous potential. Visualizing success is half the battle. Believing is the foundation of all triumph. Not believing makes any venture fruitless. I think it's essential that children be taught to believe in themselves early on. Children should be taught that everything is possible or, better yet, affirmed that everything is possible because children will believe this as they age. When I say everything is possible, I am talking about the ability to love. In reality, love is what gives us the security to achieve anything. Without love, we have nothing; we stray onto the wrong path. For me, the wrong path is one traveled without inspiration or understanding. Understanding has to do with knowledge. You know you have understood when a moment free of all doubts comforts you. Even though it is a brief moment, each of these lessons can be vital to the rest of our lives. We understand only a few things, of course, since we can't know everything. The moments full of clarity are few and far between, and that's why they are so important. The first thing I understood was my reason for loving: why and how I love. I believe this is of the most importance. The greatest pain I've felt in life put me on the path I needed to take. Before understanding this, I despised it with all my heart. I had to feel what I was not before I understood what I was. It was like touching rock bottom, and we all get there with different partners or for different reasons. We simply arrive there to understand. What have I learned? That love is not something that comes and goes. It is something that never dies when we understand it.

The person who suffers while "loving" believes that love ends. I came to understand that when I let go, I received the most. I began to nourish myself with sincere love, not the kind that is locked in a box full of conditions, dates, rules, and definitions written by someone confused by the difference between love and ego. The person who hits rock bottom and fails to learn has already died. Died while feeling the warmth of the sun or the night's cool breeze. Died while hearing, seeing, feeling, walking. Dying knowing that you are alive is the worst death of all. What is the difference between a person who takes his life and one who lives without hope? I don't know which is worse; I simply ask.

Talking about Happiness

HAPPINESS IS NOT A GOAL, IT'S A
STATE OF MIND THAT MANIFESTS
WHENEVER WE WANT.

I hope one day to let go of everything that I don't really need and to be happy, or to have a lot and be happy. Have or not have, and be happy. I don't expect to have it all because everything is never enough. I hope one day to reach a spiritual realm that I can accept without questioning, like a little child who doesn't know the differences between people, just similarities. And, as an artist of life, I hope one day to see from afar what I have created and not criticize it, simply admire it.

Sometimes I believe that I see myself in a world full of stains, some permanent, others that wash away over time. The stains are like wounds. I know that time heals wounds, but some take more than just time. Maybe it would help if we didn't see them as wounds, and that way, we wouldn't have to heal them. Truly, things are how we see them, and everyone has a unique perspective. It's as though we didn't see with our eyes but through our skin. What we see is only what we've learned to see, and the only reality that exists is that which we have created. It is difficult to create a happy life because we have been made to believe that happiness is not common. That's why when something marvelous happens, we say "I can't believe it!" Happiness does not come easily, and it is even harder when you believe that your happiness is in someone else's hands. When you realize that your life depends on you and no one else, believe me, if what you want is happiness, then you will make it happen.

Sadness is inevitable because we live in a polarized world, and we need it in order to distinguish the happy moments from the sad ones. Is suffering necessary? I don't believe so. To suffer is to linger in your sadness. To suffer is to endure pain. Why would you want to continue feeling sadness when you have the option to end it?

Happiness is what I yearn for the most, and it's hard to feel it sometimes when I see everything that is going on in the street. It would be a lot easier to just ignore whatever does not directly affect me, but in a way, I believe that those things do affect me and that they are happening to me. It saddens me to see little girls at traffic lights doing all they can to earn some change. I see them daily, and from one day to the next, I can see the change in the expression of their eyes. Their eyes are no longer innocent, and all of them undergo this change. The elderly women and men that have nowhere to go really affect me because none of us are exempt from this fate, no one. It is impressive; when life's harsh reality stares you straight in the eyes, and you walk on as if nothing were happening or affecting your way of thinking. Some people don't notice anything because they are always looking onward and lose sight of what's happening around them. In life, being a hero means seeing: staring your goals and fears directly in the eyes. What is avoidable to the mind is not always avoidable to the heart. Being happy is a reason to live, and it implies the courage to absorb everything taken in by your eyes, your heart, your arms, your mind, your house, your country—the entire world!

Talking about the Truth

TRUTH NEVER LIES IN THE
HANDS OF THE SELFISH.

Have you ever seen someone who held the truth in their hands that did not share it? The truth is never in the hands of the selfish. The truth hurts when we discover the lies that we have lived. To share a deep emotion is to give from a place where only pure feelings reside, which is the closest place to the truth that we have.

Even though I don't believe in "one single truth," there is a general definition that we can associate with the word "truth," and this would be "sincerity." Suppose that the "truth" did, in fact, exist, and that, according to the "truth" that exists today, something is certain: it always hurts to hear and say it. And why does the "truth" hurt? Shouldn't a lie hurt even more? In reality, a lie does hurt more because it hurts us to learn the truth that reveals the lie we were living. Maybe because we were not ready to live in total sincerity. Maybe because the "truth" puts decisions in our hands and choosing is too difficult for us. The truth is that we never stop making choices because, even if you do not choose, you decide "not to choose," and this says something about your method of choosing. When you decide to choose, you have in your favor the fact that, whatever the result, it is for and by you and no one else. Sometimes what you decide does not work out the way you planned, and that is one of the risks; but everything worthwhile in life involves risk. There is something that exists always and at every hour: regret. Many say that you should never regret anything, but that is impossible; it's not even an option. It just happens suddenly—you regret it! When we regret something, we have to make another decision that confirms how sincere we are with ourselves. This is what I think about decisions. They are made every day; some are important and others maybe not so much. But they challenge us every day, and it's better to take them, with all the risks they imply, than not to. Truth is the product of experience. This definition is the basis for any other definition of truth that I have provided. Experience leads to truth. Certainty is the best feeling in the world . . . like when the unequivocal feeling of being in love falls upon you. Its feels like placing the last piece of a jigsaw puzzle or answering the last, winning question to a game of Trivial Pursuit. Certainty is what life is all about. Medicine would not be effective without certainty; neither would science. That's why there are so many mistakes, misfortunes, problems, and disillusions, and, given that no one cares about certainty, many people settle with "almost," "maybe," or "it could be." Fortunately, sooner or later, certainty comes to you. Sometimes, to our disdain, it comes to prove the opposite. But nothing compares to the feeling you get from understanding something so clearly. I believe that when you realize you are not the same person you were one year ago or even a few months ago, you know you have changed, and to change is to understand. I think that this is the difference between people who accomplish much in life and those that do not.

Talking about Parents and Children

THERE COMES A TIME IN OUR LIVES WHEN BLAMING OUR PARENTS FOR WHAT WE HAVE OR HAVE NOT DONE STOPS OUR PROCESS OF SPIRITUAL GROWTH.

How important it is for parents to give their children the tools to succeed. How real it is that this doesn't always happen. It's just as real that many parents mistakenly believe that they have done so. How important it is for a child not to hold contempt against his or her parents since parents are not always to blame. When we become adults, we understand many things about our parents that we did not before.

From our parents, we learn to love and to express ourselves, and I am certain that we are born with something special, unique to us, that cannot be contaminated or destroyed. It's this spark that distinguishes us from others and makes us shine. And that special something that is never lost gets stronger and bigger as we immerse ourselves in life.

Talking about Good and Bad

WE ARE SCARED TO EXPECT THE BEST
AND NOT GET IT.

We tend to look at faults in ourselves and others before noticing positive attributes. That's why people often say "No news is good news." I don't know why, but it is easier to look at the bad than the good, maybe because it's more obvious. At social gatherings, it is more likely that people will focus on what didn't go right or look good. Again, I can say that we were brought up with a misconception between good and bad and what is correct and what is wrong. It's easier to see the bad because we are scared to be let down later; we are afraid to expect the best and not get it. And by noticing defects in others before their positive attributes, we assure ourselves that, while there are imperfect people around us, it's ok that we are imperfect too. But imperfection is actually something beautiful. Imperfection is what makes us unique. I believe imperfection is actually a gift. You see, life would be very boring if it were free of mistakes. The truth is that the imperfections each of us have are a sort of perfection. What is good? What is bad? There is no such thing. There is only imperfection.

It's better to see the positives of a person as well as their negative attributes because that invites us to expect more from ourselves. To recognize the good in others is to recognize your own qualities as well.

Talking about Self-Esteem

FREEDOM EXISTS WHEN YOU
SHUT THE DOORS TO EVERYONE ELSE'S
OPINION

The person who is hard to beat is not more important than

we are; we simply feel inferior to that person.

In a lifetime, which is a very short time, we all have the opportunity to fulfill everything we desire. Sometimes we hold back because what we want does not seem to be what the rest of the world wants for us. So we crumple our dream as if it were a sheet of paper, and we toss it in the trash. There the paper remains, traveling from trash can to trash can, until somebody finds it. That dream comes true one way or another, but the person who thought of it in the beginning did not believe in it. That scares me. It is important to know that your dream is yours: *you* are the one who truly knows it. Always hold it close to you, and never crumple or throw it away. Sometimes our heart guides us into the strangest corners within ourselves when we don't believe we can do something. Almost all of us flee because we don't think that something different can be good. Yes, there are times when the heart leads us to places out of our comfort zone, but there is nothing better than confronting the strange in order to discover the new. It's like smiling after crying. Truly rewarding!

Why don't we believe in ourselves? Maybe it's because we can't see what we are. There is a marvelous example from the ancient wisdom of Ramtha, which could not be clearer. If you are the color red in a rainbow, which of the colors of the rainbow is the only one that you can't see? Obviously red! You can't see what you are, only the reflection of what you are. Only by changing colors do you see who you are in reality; otherwise, you would live doubting yourself. There are moments where I would like to forget who I am and experiment with being someone else. Maybe be the person I think would hate being. Maybe be the person I have criticized. Maybe be the person who I envy or the person who envies me or the person who thinks I am happy. But most of all, I would like to be that person who I loved more than myself. I would like to forget for a moment who I am in order to be all those people. Maybe after not being myself I would very likely want to be the person who I actually am now. I believe I am a woman, and I feel like a child. I don't know in which moment I will cease to be a child or if I should learn to get along with both ideas. I think I have become more a person than a woman. This may sound strange, but I feel that way. I guess a person could be considered both: child and adult. I guess I will stay that way. There are parts of me that belong to the child I was, and I will take them with me always.

I would like to talk with that part of me that doesn't know who I am and tell her that I'm right here. How I'd love for someone to see her because I can't. I'd like to understand why she doesn't want to be seen. How much love is required for her to be seen? I'd like to talk with that part of me that doesn't know I exist.

I hate it when I see insincere people. It affects me because I can perceive it very easily. I've learned that, as we connect with the internal realm, free of all social and moral contamination, we get closer to what is real. You develop a sensor, and it becomes second nature to detect whether someone is real. You begin to detach from the empty world and go forward. I pity the people who remain trapped in the opinions of others, worried about what others think. I feel sorry for the people who believe that art is related to fame. I feel sorry for the people who confuse power with arrogance and who think that wisdom entails using words that nobody understands. I feel sorry for people who believe ignoring you makes them important. I feel sorry for people who think winning is gaining the recognition of others or holding a trophy over their heads. Even worse are the people who say "Never." Sometimes I feel sorry for myself when I momentarily become the most insecure person in the world and lose faith in myself.

You are what who you yearn to be; only you can't see it because you don't believe it.

Talking about Freedom

FREEDOM EXISTS WHEN YOU SHUT THE DOOR
TO EVERYONE ELSE'S OPINION.

I took me a while to learn that being free is to "be." Being your thoughts, being your feelings, being everything you are—not to discover who you really are. Ceasing to exist in order to exist again one day. Be what you want to be. Be without fear. We carry a heavy burden because we believe that we are not who we should be. We are taught that being sensitive is a weakness. We are taught that being sincere is not wise. We are taught that being natural is unhealthy. We are taught that being strong is not to cry. We are taught that being a woman is to be repressed. We are taught that being a man is to be indestructible and to never falter. We are taught that success is money. We are taught that being authentic is ridiculous. We are taught that being different is crazy. We are taught that beauty is symmetrical. But who taught us to love ourselves for who we are? I think there comes a moment in the life of each one of us when we know that something is wrong. It has taken me a while to see so many things, but I am beginning to feel free.

Talking about Who I Am

TODAY IS ONE MORE DAY
IN THE LIFE OF A CHANGING
BEING: ME.

Out of nowhere, a lightning bolt of negativity flashes down from the sky and hits me on the head. And all that love and knowledge that I pretend to have tumbles down, just like a kid falling from a tree. I've tried to get rid of that lightning bolt many times, but I understand it is part of me and that, just like the kid who gets right back up, sooner or later I will get up too.

Sometimes I feel like a ribbon unspooling down a stairway of emotions. I am a shiny red ribbon, falling silently. When I paint, I feel the presence of the people I love in my paintbrush, the feelings I hide, my weak pulse, and above all, every moment of my life that makes up the path before me. I believe that the mistakes I've made, if they are mistakes, have been pieces of infinitely good things. With these pieces, I've constructed a collage that I see every day. Sometimes it looks beautiful to me, other times not so much. Just like how I open my closet one day and I know exactly what to wear, and another day I can't find anything. The contents in the closet have not changed, just my way of seeing them.

You find meaning in life when you do something for your own good and for the good of others, not when you do something for yourself and for others.

Talking about Expectations

I'm not sure if I should expect anything because the more I expect, the more I am disillusioned. To always expect something from someone else is to think that someone else thinks like you, sees like you, and that, one day, she will turn into the person that you think she should be. I don't mean "expect" as in "to hope" because hope is really more like faith. We should not expect anything from people we love; just have faith in that person, and above all be patient with her. And the same goes for me: have faith in myself and patience with myself and not expect anything because in a way I would be erasing from my future all the unexpected, which is what I most enjoy in life.

Today, I want to restart my understanding of what I consider valuable. I feel like a waterfall of contradictions that just flows into one big hole in the ground—water from many waters. This is how my perception about the value of things and people has constantly changed. I met a person much older than I in spirit, soul, talent, and that, as a human being, is above many that have crossed my path. I don't know how old she is . . . I think twenty-one or twenty-two. She has a very special gift: she is everything a person who has been contaminated by "culture" aspires to be. She is honest.

I am afraid to struggle because I dread losing, but having this attitude has deprived me of many things. I've always wanted other people to do the work for me because that makes me feel secure; however, in reality, that reflects insecurity on my part. I'm not sure if it is related to the *machismo* culture in which I was raised, which dictates that it's the man who fights for a woman's heart. What a distorted world we live in. Tales and stories always portray the prince rescuing the princess, who is constantly waiting to be rescued. That's right, we have been taught to wait. Times have definitely changed—and some people too (even if only superficially). Some women have changed on the outside, although I am sure that inside they are a continuation of meaningless traditions. Women who succeed are those who are able to truly change from within—truly fighting for what they believe in, no matter what the cost, no matter what others may say. A fight that has nothing to do with gender or equality but everything to do with personal endeavors. Successful women flee from the fortress in search of their prince or of an entire kingdom for that matter! Today, I ran into an older woman, in her mid-fifties, selling bubble gum at a stoplight; she was without shoes, walking over pavement scorched by the sun's blazing heat. I could tell she had not used shoes in a long time because the soles of her feet appeared to have taken the form of shoe soles. I wanted to take my sandals off and give them to her. After some thought, I returned home and gathered three pairs of shoes I no longer used (we seemed to wear the same size shoe). I returned to the same stoplight and handed the woman the shoes, saying, "Here are some shoes for you ma'am." She replied, "Thank you," though not very happily. She looked inside the bag and threw it away. She kept on walking barefoot over the burning pavement, as if she wanted to keep on suffering. I think that she attracted more pity from observers this way. I felt sorry for myself for worrying so much for this woman. Seeing people on the street affected me; I believed that I could never truly be happy knowing that so many unfortunate people existed, but I will not let this bother me anymore. Everyone has their own unique circumstance, and there is nothing sadder than wanting other people to feel sorry for you. We should only help the people who ask for help; almost always, the person who wants others to feel sorry for them does not know any other way to exist—that includes people with shoes. What I saw on the street is exactly what happens with people who are not homeless. I learned that we should not take on other peoples' problems or feel sorry for them.

My way of looking at things changed not because I became insensitive but simply because I have opened my eyes. Since I was a little girl, I have been taught to share with the less fortunate, but in time, this value turned into unnecessary guilt. That moment that I helped that woman without shoes only to see her throw them away, I learned that just as there are people who know how to receive and are thankful, there are those who receive only to throw away and continue relying on others' pity. And what does it mean to receive? I think that people who know how to receive transform what you give them into something bigger, something functional. It's important to give, but I believe it is just as important to know how to receive.

Today is another day in the life of an everchanging being: me. Everything I think is as open as the mind that enjoys new experiences, a mind that does not shy away from exploring different truths. Life is an adventure, and it's thrilling when you see life as an infinite learning experience with no assigned paths beyond those that we plan for ourselves. Many believe that our destiny has been predetermined, but what would be the reason for pain, love, happiness, and sadness if everything had already been predetermined? They would not serve as lessons and experiences and would not have any real purpose.

How many things in life lack purpose? I don't think artificial flowers make any sense. I don't think there is any purpose in wearing black at funerals. The question "Do you love me?" makes no sense. Insults make no sense. I think that if you insult someone and you hurt them, you confirm that you lack something truly important, which is humility. This reminds me of a phrase that an aunt of mine shared with me, and it goes something like this: "Love me the most when I least deserve it because it's when I really need it." This means to love in a spiritual sense because, in the end, our path is a spiritual one, and by loving this way, we remind ourselves that we are all living in search of meaning.

"Meaning" is something that varies from one person to the next, and there is meaning in absolutely everything.

I am not sure how much my mood affects my perspective on age and what it means to mature. Everything that we do transforms us, but when I feel sad or angry, on many occasions it's because things did not turn out the way I expected them to. When my mood changes so abruptly, it makes me wonder if what is really happening to me is a childish spell. Being a child is believing that everything has to go as planned, otherwise the world will cave in on you and a great sense of impotence falls upon you. Impotence is what triggers feelings of frustration. I believe envy is a form of impotence.

We have all felt envy. That doesn't mean we are evil or that we wish misfortune upon others. Rather, the sense of impotence triggers strong emotions, maybe from the same "will" that drives us to better ourselves. Maybe, if we did not feel impotence, we would not obtain many things in life. What matters is that impotence not remain still but that it turns into ability. Childish behavior that takes us over is an attempt to halt responsibility for fear of growing old, as if becoming older meant becoming responsible. Many people see it this way because the older we are, the more responsibilities we assume. However, aging has nothing to do with maturity. To be childish is to not accept time as a maturing process but to see it only as decay. In life, the more we accept the situations that unfold before us, the more we will understand that every action must be made toward bettering ourselves, and that is what growing up really means. We must not hide from this process because it catches up with us sooner or later.

There are people who hide inside their own bodies.

There are people who are not true to their essence and therefore cannot be happy. It's incredible how some people devote so much energy to appearances that the weight of their presence is actually felt; somehow so much persistence breaks the flow of energy. I do believe that each one of us possesses a certain energy that we call a "vibe," and the characteristics of a vibe depend on how good or bad our intentions are. Intent is at the core of every action, and it seems as if there were an intention radar in every corner of the world with the power to decipher whether our intentions are good or bad, ensuring they will return to us in the form of karma at some point in our lives.

Karma means: "What goes around comes around."

Your intentions are what really matter when you do something, and I think a good way to tell if someone's intentions are good or bad is the energy you feel in their presence. Intentions produce the result of all our actions! The problem is that sometimes we respond by reflex. We just do what we are used to doing without thinking.

You get used to everything without knowing why. We grow accustomed to feeling, sometimes without really feeling. I mean, sometimes we think we feel something because it's expected of us. What about when, for the first time, this is not so? Instead of exploring what lies within us, we do what we expect of ourselves. Habit is an activity that can slow down the essence of something or someone.

There is a constant conflict within ourselves, and most of the time, it's a conflict between what you should do and what you want to do. It's actually easy to solve this dilemma: what one should do is what one loves to do. This is a personal conflict, which really involves our entire being, a conflict in which one can figure out what is missing in order to fix it.

It seems like I am constantly judging everything, and one should not judge. I do not know if what one says from the heart is judging. Sometimes I contradict myself because all of this is a process, and I'm learning from my mistakes or from what I think I know. What is the difference between opinion and judgment? There's no way to not have an opinion about people! The good thing about opinions is that they can change at any time, and if we keep that in mind, we must change our mind when we have discovered the opposite. I cannot stand people who marry a single idea of something or someone. Even with people with whom I do not empathize, I try to find their good side. There is always a good side to everyone. Yes, most of the time, I can empathize immediately. The amazing thing about chemistry between people is that it can exist even from a million miles away. Now that I have no desire to conquer the unconquerable, I give more value to what is in front of me. The challenges have always been part of me and will remain so, but somehow I have learned that many times, even things that are not so hard to achieve are triumphs. There are positive and negative challenges. The challenge that becomes an obsession is what I consider "the unconquerable." The challenge that becomes passion is a challenge full of intensity that will bring a unique result if it can be conquered. For me, the difference between passion and obsession is the feeling you get when you live it. Passion is an overwhelming love for something or someone while obsession is to have in-depth knowledge that what you're after is not good yet your weaknesses become fixated on it.

That's it! Passion is strength; obsession is weakness.

We get rid of something that no longer serves us—or maybe useless things release themselves from us in order to become something more. The garbage we throw away every day is like beliefs we leave behind. We recycle emotions and give them a new direction. The art of living is just that. Allowing what we believe to be dead to transform. If what we call life had no death, there would be no life. When something transforms is when it starts to make sense. It's like day turning into night just to remind us that the world works.

The world is a vast place that becomes tiny when you finally find what you are looking for. The person who comes and goes belongs to the moment, and a moment ceases to exist when you ask it for time.

This past year has been a key time in my life; it was a year of constant questioning. I had never questioned so many things, and I think that, for this reason, I have come to value things I've experienced and discovered, not only those that I have learned to believe.

This year I discovered that:

1. Nothing is forever, and everything is forever.
2. Love is all, and love is nothing.
3. There is no good or bad, only moments and experiences.
4. No one belongs to me, and I do not belong to anyone.
5. Freedom is internal.
6. There is only what we feel.
7. Often what I see is not with the eyes.
8. Spontaneity is good.
9. No one can replace another.
10. The love of your life does exist but does not necessarily have to be your partner.
11. Nothing is too important, and nothing is insignificant.
12. God is everywhere.
13. God is not a religion.
14. Faith has nothing to do with religion.
15. Happiness depends on ourselves.
16. Laughter is the best medicine.
17. It is never good to remain in doubt.
18. When you want to achieve something, you do.

The list could go on with words that I do not even know because I think I have discovered many things that have not taken form yet. What I want the most this year is to not let anything happen without knowing why it did.

I do not want to worry about what does not exist. I tend to create ideas in my head, which only confuse me even more. I want to uncover all those things that I thought would limit me. I had in my hands exactly what I wanted to have. All the experiences that I wanted to live, I had in my hands. I let go only what could pass between my fingers because that was what was not mine.

We always carry what we want, no more, no less. As the truths do not exist and there is only your truth and my truth, I hope that everything contained in this book will contribute to your philosophy of life and love and that, every day, you ask yourself if you are content with your life. If you are, I hope that you know why, and if you are not, that you also know why not. Nothing in life is superfluous because everything has its place; we merely have to put them in place.

I don't think I have anything more to say.

For the moment.

KETTLEBELL
KICKBOXING

Skyhorse Publishing

Hablando Sola

Daniela Rivera Zacarías

Visite nuestro sitio web en www.skyhorsepublishing.com.

10 9 8 7 6 4 5 3 2 1

ISBN: 978-1-5107-0939-3
Ebook ISBN: 978-1-5107-0940-9

Impreso en China

Lo que en una época

se consideraba malo,

por lo general,

es una reedición intempestiva

de lo que en otro tiempo

se tuvo por bueno;

el atavismo de un ideal más antiguo.

Friedrich Nietzsche

Para cada una de las personas
que ha tenido algo que ver en mi vida.

Y para alguien muy especial
que está más cerca que nunca,
aunque no la puedo ver:
"¡Tenías razón!
Si el amor fuera paquete,
vendría abierto".

Índice

Mi historia

Si me preguntaran qué quisiera borrar de mi vida hasta hoy, no borraría nada.

Sería como quitar una naranja que se encuentra en la penúltima fila de un montón y, al moverla, se derrumbarían todas las demás. Creo que todos los momentos son partes igualmente importantes porque contribuyen a crear la persona que soy. Quizá comparo los momentos con las naranjas porque estamos hechos de lo dulce y de lo amargo.

Desde que tengo uso de razón, cuestiono todo. A los cuatro años, sentada en la parte de atrás del carro de mis papás, tuve mi primera duda. Me pregunté si realmente me seguía la luna. ¡Hoy la luna ya no me tiene tan preocupada pero sí continúo preguntando, porque sigo en la parte de atrás del carro de mis papás! Definitivamente me he tardado en salir al mundo y ser independiente, sin embargo, he saboreado cada instante que he vivido con mi familia. A lo mejor me tuve que tardar más en unas cosas para crecer en otras. Lo único que puedo decir es que nada tiene un límite de tiempo, es lo que decidimos hacer con ese tiempo lo que quizá nos pueda limitar.

Creo que todos en la vida tenemos una tarea y trabajarla es lo único que nos permitirá realizarnos como personas. Mi tarea ha sido descubrir el verdadero sentido del amor y su verdadera sensación. Siento que lo que vale más de una experiencia, como lo es comprender algo con el corazón, es compartirlo. Por esa razón, escribo este libro: para compartir lo más preciado para mí.

Prefacio

Este libro empezó como un diario, por lo mismo es un libro que no tiene ni pies ni cabeza. Me gusta la idea de que no tenga principio ni fin porque la vida es así. Es un libro lleno de cuestionamientos, contradicciones, y sobre todo encuentros. Aquí hay palabras que he reunido para expresar momentos y emociones. En realidad, estas reflexiones son una historia de mi mente fragmentada, de mi corazón y de mis días. He creado un libro de pensamientos rebuscados con palabras sencillas que abarcan temas típicos; sólo que lo rebuscado va encontrando un sentido, lo sencillo se va complicando y lo típico se va transformando en único.

Soy pintora y escribo como pinto: siempre me pinto, todas mis pinturas tienen que ver conmigo, entonces de alguna forma también me escribo porque todo lo que pongo en palabras se convierte en páginas de mi cara, de mi cuerpo y de mis sentimientos. Al escribir sobre mí me he dado cuenta de que escribo sobre lo que todos hemos vivido hasta hoy; he descubierto que llegando a conocerte empiezas a conocer al resto del mundo, y eso no pasaría si no estuviéramos hechos de lo mismo. Así que mis obras hablan de mí y de todos, ¡y yo hablo sola!

Querer abarcar muchos temas en muy pocas palabras es, de cierta manera, un reflejo de mi forma de ser: "impulsiva y extremista",

como si fuera ésta la última oportunidad que tuviera para hablar de lo que siento y lo que sé. ¿Pero qué tal si lo es? Por eso hablo del "momento" y de la enorme fuerza que tenemos para transformarlo.

Al final todo tiene que ver con el amor. El amor a todo, no sólo el amor a una pareja o a personas. El amor que sabe distinguir entre lo pasajero y lo eterno. El amor que encierra la satisfacción de que estás resolviendo el porqué de tu existencia. El verdadero amor.

DANIELA

Hablando Sobre el Amor

A VECES ESTAMOS CON LA PERSONA "CORRECTA"
POR LAS RAZONES INCORRECTAS, Y A VECES
ESTAMOS CON LA PERSONA "INCORRECTA"
POR LAS RAZONES CORRECTAS.

El amor es… siempre y cuando

el ego deje de ser.

El amor confunde cuando quieres entender,

y por fin entiendes cuando el amor se deja ser.

El amor más grande es el que aprendes a recibir

aun cuando no es tangible.

¿A cuántas personas podemos querer o amar en una vida, incluso al mismo tiempo en un día?

Hay tantas formas de querer y de amar, que cada persona que quisiste o amas forma parte de lo que eres hoy. El amor más grande es el de alguien que siempre existe en tu interior, no tanto como un recuerdo sino que está presente en ti, aunque no contigo. Es el amor que aprendes a recibir aun cuando no es tangible. Al ser un amor intangible, se convierte en un sentimiento que sigue viviendo por la fuerza del amor mismo. A veces pienso que todo esto que estoy escribiendo ahora proviene de ese mismo amor; de ese amor que tengo tan presente en mí, aunque no conmigo. Creo que a través de todas las personas que he amado, he aprendido a quererme. La mayoría de la gente te

dice que si tú no te quieres no puedes querer a nadie, y creo que tiene razón.

Pero, ¿cómo le haces para quererte? Yo creo que todos quisiéramos querernos más que a nada en el mundo. Creo que quererte a ti mismo es muy difícil cuando no te conoces y, como en cualquier relación, no te puedes enamorar de alguien que no conoces. Yo puedo decir que hasta ahora me empiezo a conocer, porque hasta este momento me empiezo a querer. Aprendes a conocerte a través de la gente que va pasando por tu vida. A veces no entiendes por qué conoces a alguien hasta que ya no está contigo. Muchas veces la ausencia de alguien te dice más que su presencia. La definición del amor va cambiando conforme pasan los años. De hecho, no sólo existe una manera de amar, existe el amor de acuerdo con cada uno de nosotros. Existe el amor de acuerdo con nuestra capacidad de comprenderlo.

El amor es inspiración. El amor siempre es la fuente de cualquier creación, es el principio de una idea. El amor es creación. Poder transformar un instante en una eternidad es amor. Si yo amo a alguien no puedo amar sólo una parte de esa persona porque se quedaría incompleta. Cuando amas, creas, nunca quitas.

SI EL AMOR FUERA número, sería 1

Si el amor fuera comida, sería un enorme plato de espaguetis

Si el amor tuviera forma, **sería un círculo** ◯

Si el amor fuera animal, sería un pájaro.

Si el amor fuera persona, **SERÍA UN GIGANTE.**

Si el amor fuera tela, sería de seda

Si el amor hablara, sería muy incoherente. BLA, BLA, BLA

Si el amor fuera **objeto, SERÍA UNA PUERTA.**

Si el amor caminara, andaría descalzo.

Si el amor fuera ropa, **sería un abrigo.**

Si el amor fuera desastre **natural, sería un terremoto**

SI EL AMOR FUERA FLOR, sería una margarita

SI EL AMOR FUERA COLOR NO sería rojo

SI EL AMOR FUERA RISA sería carcajada

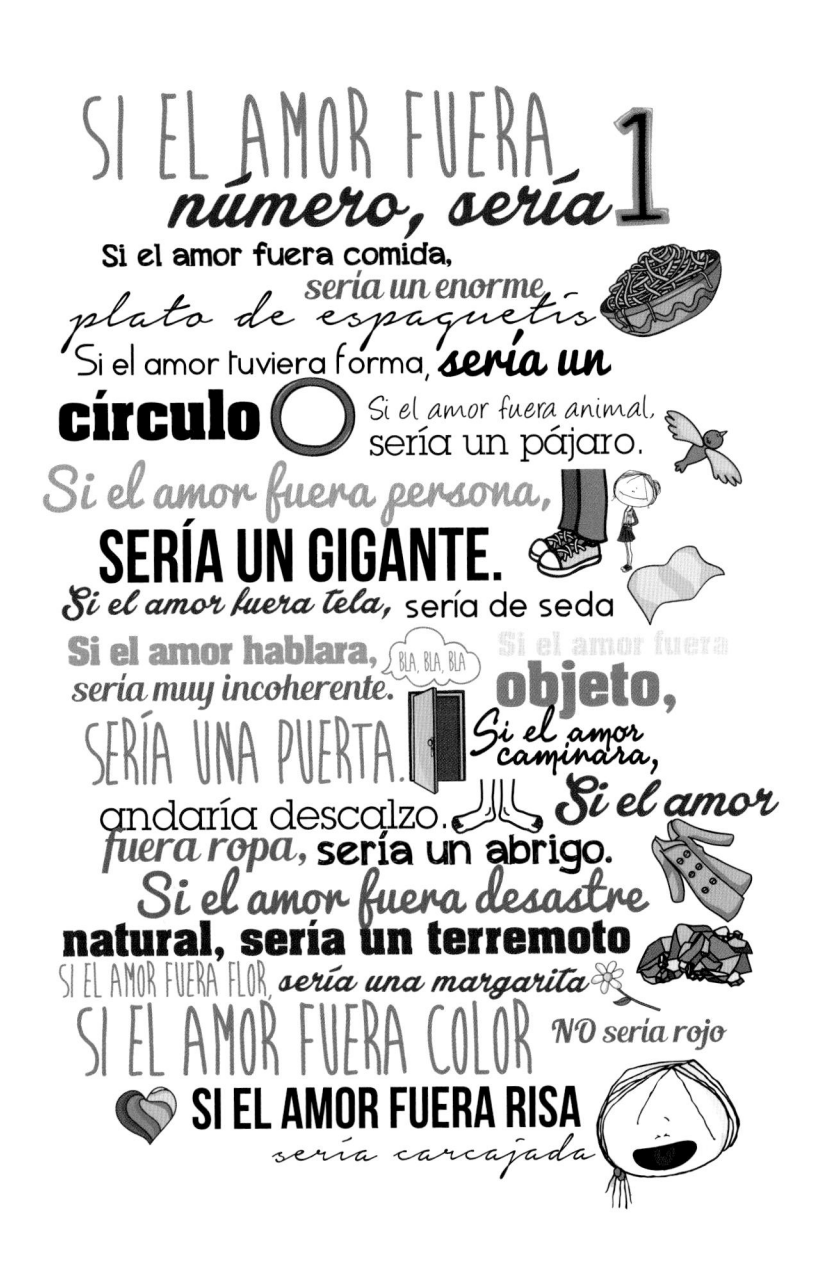

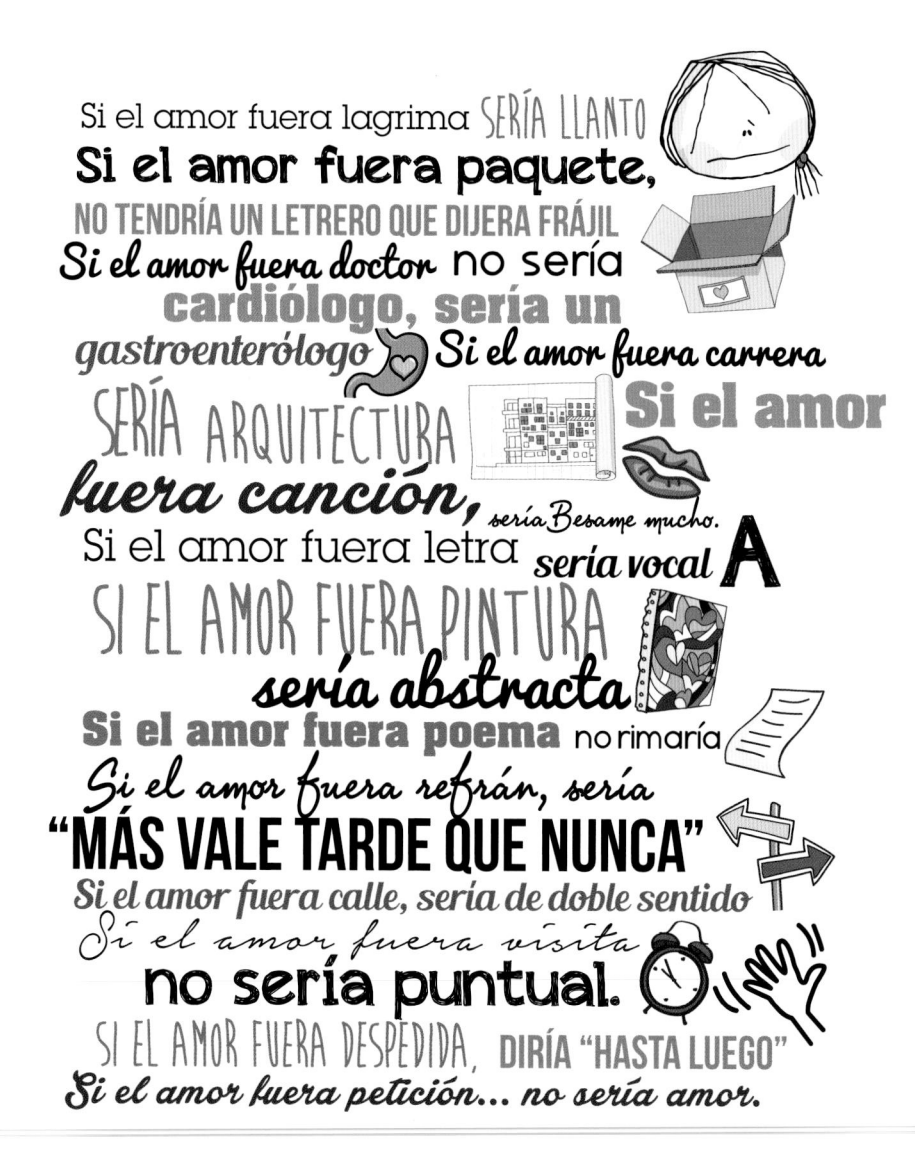

Si el amor fuera lagrima SERÍA LLANTO
Si el amor fuera paquete,
NO TENDRÍA UN LETRERO QUE DIJERA FRÁJIL
Si el amor fuera doctor no sería
cardiólogo, sería un
gastroenterólogo Si el amor fuera carrera
SERÍA ARQUITECTURA Si el amor
fuera canción, sería Besame mucho.
Si el amor fuera letra sería vocal A
SI EL AMOR FUERA PINTURA
sería abstracta
Si el amor fuera poema no rimaría
Si el amor fuera refrán, sería
"MÁS VALE TARDE QUE NUNCA"
Si el amor fuera calle, sería de doble sentido
Si el amor fuera visita
no sería puntual.
SI EL AMOR FUERA DESPEDIDA, DIRÍA "HASTA LUEGO"
Si el amor fuera petición... no sería amor.

Ser feliz es encontrar el amor. Alguien me enseñó que el amor no se busca, porque el amor ya está. Y hablo del amor real, que ni siquiera es el amor de pareja, sino el amor que sale de nosotros. Es el amor que crea, que sonríe, que no tiene altibajos. Es el amor que va mucho más allá del sexo, de las promesas, de lo físico, de los retos. Es el amor que no hemos aprendido a dar o a recibir, porque estamos muy ocupados llevando a cabo la definición equivocada del amor. Desde que nacemos nos enseñan que el amor se trata nada más de una emoción entre las personas. Por eso dudamos de un amor eterno, porque las personas somos muy complicadas. Si existe algo que es eterno, es el amor. El amor a todo. A todo lo que tocas, a todo lo que ves, a todo lo que oyes, a todo lo que hueles, el amor a todo eso porque es lo que nos recuerda que estamos vivos, activos y llenos de potencial. El amor real, que no es cuestión de sexos ni de personas. El amor tal y como lo dan los que aman, porque es su prioridad. El amor como un sencillo y cotidiano cariño del diario, un amor con muchas capas. Pero un amor que regrese a ti como cien mil veces. Un amor que, cuando se trate de la pareja, sea amor a todo. El cobarde no sabe amar así. Los cobardes aman sólo con una parte de ellos, que ni siquiera es la parte importante. Aman una parte de su pareja, que tampoco es la más importante, o aman sólo a su pareja y no aman la vida.

Cuando se trata de una persona, ¿qué es lo más importante? Quizá lo que más cuenta es conocer al ser humano que vive dentro del cuerpo que ves, de la persona que ves con los ojos. Existen relaciones donde las personas sólo se ven, donde las personas sólo se tocan, y tocan sólo lo que ven. He estado pensando en las relaciones que he tenido y en cómo las he

vivido. A mucha gente, si mi relación terminaba, y no era esa la persona con quien me iba a casar, le parecía que no había valido la pena, y salía a relucir la famosa frase de "estás perdiendo el tiempo" o "perdiste tu tiempo". Qué filosofía tan limitada, pero desgraciadamente así piensa la mayoría de las personas. Perder el tiempo es para muchos no cumplir con las expectativas de una sociedad, es no ajustarse a las normas impuestas por los seres "no auténticos". Los "no auténticos" son los que están siempre a punto de rebasar la raya de la meta, sólo que nunca lo hacen; jamás los verás un paso adelante de los demás, porque están preocupados por estar siempre en la meta. Los "no auténticos" son los que no comprenden que hay armonía en el desorden de la vida. Yo me alegro de que la vida me haya puesto fuera del orden de las cosas, de no ser así quizá hubiera caído tan bajo como los "no auténticos".

Las relaciones que he vivido me han dejado mucho, y la que más me hizo crecer y valorar el amor fue la que para el resto de la gente "me hizo daño". Cada relación te ofrece distintos aprendizajes. ¿Qué es lo real? De lo que he vivido, lo real todavía existe. Lo que no es real, o no lo fue, se olvida. Para mí, lo real es lo que nos hace crecer. Muchas veces me siento mal por no ver un crecimiento en mi vida, pero cuando menos me lo espero pienso de una forma en la que no lo hacía antes. Lo que antes me dolía, ahora me da fuerzas, y lo que antes calificaba como un fracaso, ahora lo considero un escalón hacia arriba. ¡Es cierto que lo que no nos mata nos hace más fuertes!

Cuando pasamos por diferentes relaciones de pareja y luchamos, muchas veces no peleamos por lo que nos brinda la relación, sino

por lo que nosotros pensamos que debería de ser la relación. En realidad arrastramos con nosotros cosas de las últimas relaciones a la más reciente, y es ahí cuando empezamos a despertar, y curiosamente le contestamos a esta persona lo que hubiéramos querido decirle a la otra. ¿Por qué nuestro cuerpo no puede distinguir entre personas diferentes? Tal vez ni siquiera se trata de lo que el cuerpo siente, sino que nada más no creemos que podemos. No creemos que podemos cuando tenemos enfrente una relación "diferente". Quizá todos en algún momento de nuestra vida nos paralizamos ante un deseo. Un deseo que representa el "deseo de todos los deseos": ¡El deseo de no volver a fracasar! Y es eso mismo lo que nos paraliza. Por eso existen las relaciones que duran años, en las que les da miedo el compromiso.

"Qué miedo que fracase con alguien que quiero tanto". "¡Qué horrible sería perder a la persona que más he querido!" ¡Pero la pierdo porque me da miedo perder! Qué incongruente se oye, pero qué cierto es.

¿Cuántas veces preferimos estar solos porque nos duele demasiado desprendernos? Preferir eso es vivir a medias y perdernos de una experiencia completa.

Hoy quiero sonreír después de haber llorado por mucho tiempo. Lloré por alguien que sigo queriendo con toda mi alma, aunque de una forma mucho más libre y completa. Nadie le pertenece a nadie. Aprendí que las personas van llegando a tu vida cuando deben llegar. Por algo, siempre por algo.

Algunos de nosotros somos carbones, otros se encargan de comprimirnos y pulirnos con el fin de convertirnos en diamantes. Así como llegan las personas, hay que dejarlas ir, pues no hay amor más grande que el que dejas ir cuando el viento se lo quiere llevar. Duele dejar a alguien que amas tanto, aún cuando crees que ya no quieres a esa persona, porque, ¿qué tal si todavía la quieres? Pienso que duele más querer retener a alguien que dejarlo ir. En la vida, todo se compone de "momentos". Por un momento he llegado a ser y a pensar tantas cosas. Un momento cambia, un momento salva, un momento destruye, un momento es todo, y los momentos nunca dejan de existir. "Maldito el momento, y bendito el momento". Y el amor es un momento.

¿Qué es lo importante de lo que queda cuando nosotros ya no estamos aquí? Quiero pensar que todo aquello por lo que luchamos en esta vida se va con nosotros, pero no es así. Siento que por lo que más luchamos es por los objetos materiales, y ése es el problema. Lo que nos llevamos es lo que en verdad llegamos a aprender, lo único que nos llevamos es el amor que recibimos y el que dimos y, sobre todo, nos llevamos lo que supimos dejar ir. Ahora más que nunca entiendo que el amor es un hecho. El amor es un hecho que se mueve, se transforma y se va colando o se va moldeando a lo que uno podría llamar existencia. ¿Qué sucede con un ser que deja de amar?: deja de existir. El amor no es un corazón, el amor es un círculo. Ayer me di cuenta de qué tan maravilloso es verse en los ojos de una persona y saber que no es un reflejo, sino que realmente estás adentro. La alegría que brota de las personas sinceras es la base del amor. Los años han hecho del amor un sinónimo del dolor. Si yo hubiese escrito esto hace un año, diría que el

amor es dolor. El amor es todo, menos dolor, es la ausencia del dolor. El dolor es el problema que tenemos con las ataduras y el poco conocimiento del amor. El dolor es el miedo a que el amor deje de ser. El dolor es el rechazo a descubrir que hay algo mal. El dolor existe cuando no entendemos el amor. Así que el dolor nos indica algo. ¿Entonces qué hacemos si lo sentimos cuando amamos? Quizá el dolor es el momento justo cuando estamos a punto de comprender lo que "es el amor", y justo cuando estamos a punto de comprender lo que "no es el amor". Es exactamente el punto medio, como lo es el cero en una línea de números positivos y números negativos. Todo parte desde cero y a la izquierda tienes los números negativos, a los que en realidad se les llama "imaginarios". A la derecha, se encuentran los números positivos, que son los "reales". Sin embargo, los dos trabajan juntos para llegar a un resultado. ¿Qué quiero decir? Que en una relación hay que vivir lo negativo y lo positivo. Cuando estamos en el lado izquierdo de la línea, del lado "negativo", nos encontramos en lo que nos "imaginamos" que es el amor. Cuando nos ubicamos en el lado derecho de la línea, del lado "positivo", estamos en el amor "real". Cuando estamos en el cero, nos encontramos en un lugar clave, al que yo llamaría el corazón. Se necesitan ambas experiencias, positivas y negativas, para crecer en una relación y el dolor que nos indica el corazón para poder distinguir.

Mi hermana está en un proceso difícil, por el que yo ya pasé, que es el de comprender que no hay que retener lo que puede o debe volar. ¿Por qué lloramos cuando supuestamente hemos dejado de querer? ¿Qué no debería de ser más fácil dejar ir a quien ya no quieres? No es que ya no quieras o que sigas

queriendo, es que no aceptas la realidad. Es llorar por no aceptar situaciones nuevas y diferentes, y esto ni siquiera tiene que ver con el amor. Mi hermana siempre se pregunta por qué las parejas que "ni al caso" acaban juntas y las parejas que son las supuestamente ideales acaban separándose. Esto tiene que ver con las personas, no con el amor o la suerte y quizá ni con el destino. El destino significa tomar decisiones, eso es todo. "Si va a ser, será", "es que le tocaba", "matrimonio y mortaja del cielo bajan", todo esto está relacionado con las decisiones que tomamos y que nos van llevando a otras, que a su vez nos van conduciendo a otras. De alguna forma, todos estos dichos nos liberan de la responsabilidad de tomar decisiones. Volviendo al tema de mi hermana y al proceso en el que está viviendo con una persona a la que quiere mucho, me gustaría reafirmar lo importante que es reconocer que el amor real nunca desaparece y que el que duda de su trascendencia lo acaba matando poco a poco. Todos tenemos momentos en nuestras vidas en los que nos topamos con una persona que nos hace cuestionarnos. A veces tendemos a rechazarla porque, al cuestionarnos, nos comprometemos a descubrir sentimientos que estaban guardados en la "caja de las molestias". En la caja de las molestias guardamos las emociones que creemos que apartándolas van a desaparecer, pero en realidad nos hacen crecer y seguir adelante. Hasta que una persona, que está mucho más en contacto con nuestro ser que nosotros mismos, nos lo hace ver. Las personas que nos hacen cuestionarnos, que a veces no nos quieren aceptar tal y como somos, pueden ser personas clave en nuestras vidas. Es increíble, pero sí existen personas que no se cuestionan nada, que se pasan la vida adjudicándose creencias sin saber

por qué, como si las maneras de pensar o de vivir se pudieran coleccionar. Existen personas que no se cuestionan nada porque están acostumbradas a recibir de la vida sólo lo que viene en la canasta básica de las vivencias, como es vivir una vida rutinaria, sin riesgos, sin contradicciones, sin dudas, con horarios que marcan hasta su estado de ánimo. No se cuestionan nada por el miedo a cambiar. De alguna manera siguen cambiando los que creen que no cambian, por el mismo hecho de que todo cambia y de que nunca somos los mismos. Alguien dijo que "nunca te puedes meter al mismo río dos veces, porque siempre se está moviendo".

A veces nos entra la desesperación y queremos solucionar toda una relación en un día o lo más rápido posible. El problema de la desesperación no está en lo que quieres solucionar, sino en ti, porque la necesidad de ver un cambio inmediato en tu vida marca el grado de infelicidad que tienes. Me refiero a la desesperación como una necesidad. Cuando tu cariño por algo o por alguien se convierte en una necesidad, que a su vez se convierte en un "tiene que ser", entonces lo que pesa es la definición de cariño que llevas contigo. ¿Qué puede ser tan necesario que te has olvidado de lo que de veras importa? El grado de necesidad que puedes tener por alguien es el grado de insatisfacción que tienes en tu persona. De esto me di cuenta cuando llevé una relación en la que me olvidé por completo de mí. La necesidad que yo sentía por esa persona no tenía nada que ver con el amor que le tenía, sino con el amor que yo no me tenía. El amor existía definitivamente y fue tan real, que hasta hoy me doy cuenta de que permanece conmigo, sólo que hoy soy una persona mucho más completa y puedo ver lo

que antes no podía. Nada en la vida es más importante que la vida de uno mismo. Es increíble cómo te llega la certeza en un momento de tu existencia, cuando empiezas a darle la importancia necesaria a tu persona. La vida nos empieza a dar respuestas sin pedirlas, porque estamos listos para saberlas. Me refiero a listos para saber, porque la vida no te da nada que no estés listo para recibir. La vida te brinda experiencias que te preparan para las siguientes, y cada vez que las tomas con la fe de un proceso, ese proceso será efectivo. Entre más vivencias y procesos tengas, más información tendrás de la vida, y entre más información tengas, mejores decisiones podrás tomar.

Es como cuando ves una palabra en el diccionario que nunca habías visto y ahora sabes que la palabra existe y conoces su significado. Desde que supiste de su existencia, la oyes en todos lados y se te hace chistoso que antes no la escucharas. Pero no es que no oyeras la palabra, simplemente no sabías que existía, y tu cerebro ni siquiera la registraba cuando alguien la pronunciaba. Así que imagínate la cantidad de información que hay y que ni siquiera podemos captar, porque no tenemos el interés de averiguar. Por eso pienso que entre más dejemos que la vida nos brinde situaciones, más expuestos estaremos a entender de qué se trata el vivir. En la vida hay niveles de comprensión, de crecimiento, de amor… y depende del nivel en el que estás, el tipo de gente que atraes. Muchas veces te das cuenta de que la persona que te llenaba, ahora ya no lo hace, y eso es porque están en diferentes niveles de comprensión. Cada quien tiene su proceso y son éstos los que frecuentemente nos separan de las personas que queremos. Pero parte del verdadero crecimiento es aceptar que existen caminos diferentes y que siempre es mejor seguir uno desconocido que

uno conocido que puede llevarte a continuar una situación que no tiene rumbo. Cuando conoces a una persona que está en tu mismo nivel, comprendes, simplemente "comprendes".

El amor, de alguna forma, siempre regresa.

Bueno, no regresa, siempre está,

sólo que a veces lo vemos y a veces no.

Las medias naranjas no existen,

existen los racimos de uvas.

Hablando Sobre la Soledad

LA SOLEDAD ME HA ENSEÑADO
QUE EL TIEMPO ME PERTENECE Y
QUE EL SILENCIO ES SABIO.

La soledad me ha enseñado a entender la razón de mi existencia. Sola, puedo encontrar lo que he perdido. Para muchas personas la soledad es estar sin nadie, para mí es estar conmigo. La soledad no tiene nada que ver con la presencia o la ausencia de otros, es un estado. Puede ser positivo o negativo, y es sólo el reflejo de uno mismo. Saber estar solo es necesario para sentirse completo. Querer que alguien nos acompañe para compartir un momento es comprender para qué existen las personas que queremos y nos quieren. Cuando compartes un silencio agradable con alguien es cuando sabes que esa persona es realmente especial. Soledad o no soledad, hay que saber esto: estar donde estás, siempre es importante.

Hablando Sobre el Corazón

EL PREMIO POR ACTUAR CON EL CORAZÓN
ES EL RESULTADO QUE SIENTES,
NO EL QUE OBTIENES.

Los corazones que sufren son los corazones que aspiran a más, pero que cargan tantos lastres que no se pueden mover. ¿Cómo le hacemos para descargar un corazón y seguir adelante? Cuando no olvidas es cuando se puede seguir. La mayoría de la gente te dice que para seguir adelante hay que olvidar, pero no es así. No hay que olvidar a un amor para querer a otro, hay que reconocer qué tan grande fue o es, y darle un lugar en tu vida, llevarlo contigo y aprender a compartirlo con el resto del mundo. Con esa seguridad, toma en tus manos un nuevo amor. Puede oírse tan ridículo, pero es tan cierto, que cuando amas con completa sinceridad comprendes esta idea. Por eso dicen que hay que saber perder, pero no es saber perder, es simplemente "saber". Cuando los sentimientos no son verdaderos, se olvidan sin que uno trate de olvidarlos; el corazón siempre guarda lo que es real. Querer olvidar es retacar al corazón con un trabajo demasiado pesado.

A veces el corazón siente un encanto repentino, un dolor que parece interminable, una confusión que lo abarca todo. El corazón muchas veces deja de latir, otras cambia su ritmo, a veces late más rápido. El corazón hace todo esto por una razón. Hasta un órgano del cuerpo sabe que no basta con sólo existir y hacer la función esperada.

Las intenciones que salen del corazón son poco reconocidas o premiadas, así como dicen que ser bueno no te deja nada. Un acto hecho de corazón rara vez se hace notar, porque el corazón no necesita de reconocimientos, ni de premios, ni adulaciones.

El corazón en su más simple y verdadera esencia es invisible, y la mayoría de las cosas valiosas no se ven y las que se ven no duran

para siempre. El premio por actuar con el corazón es el resultado que sientes, no el que obtienes. Puedes hacer mucho por alguien sin saberlo, igual pueden hacer algo por ti y nunca te enteras. Tengo mucho que agradecer a las personas que han marcado una diferencia en mi vida. Muchos ni siquiera saben que existen para mí y menos que han sido parte de mi crecimiento. Uno de los tesoros más maravillosos de la vida es que ni siquiera sepas que "tú" le cambiaste la vida a alguien, con una palabra, un hecho o simplemente con deseárselo. Qué maravilla que todo permanezca en el anonimato.

Hablando Sobre el Miedo

A VECES ES MÁS GRANDE EL MIEDO
QUE EL AMOR

En algún momento de mi vida pensé que el éxito se medía con la aprobación de los demás. Para unos el éxito es dinero, para otros, fama. Cada quien tiene su propia versión de lo que significa éxito. Hoy, para mí, el éxito no es material ni social. El éxito es personal. Llegar a realizarte en la vida y no tener que mostrar nada más que una sonrisa es ser una persona exitosa. Hay muchos caminos hacia el éxito y la mayoría de ellos comienza con pánico. El pánico, ante los ojos de muchos, se considera como una limitante. Sí lo es para aquel que se deja dominar por él, como limitante podría ser también cualquier sensación que nos domine. Si nos enseñaran desde niños que el pánico es sólo una reacción a lo desconocido, y no un miedo, tal vez podríamos descubrir lo que está del otro lado de esa sensación. Creo que el pánico es un indicador de que un triunfo se acerca, y triunfar lleva consigo mucha responsabilidad. Todos le tenemos miedo a la responsabilidad. Un miedo auténtico. La responsabilidad es tan comprometedora como la palabra misma y como todas las letras que la forman.

La vida nos pone en situaciones en las que hay que actuar, y la "habilidad de responder" significa responsabilidad. Si de la misma manera como nos llega cada situación, reaccionamos, la sensación de responsabilidad se puede ir transformando en un hábito, que no tiene que verse como una reacción inmediata a las circunstancias de la vida. La habilidad de responder se va desarrollando conforme a la demanda. Claro que hay momentos en los que la vida nos pide reaccionar de inmediato ante determinadas situaciones, y muchas veces parece que la vida misma tiene sus razones invisibles que justifican su "mal tacto".

Me he dado cuenta de que soy más niña que mujer, por el miedo a la responsabilidad de ser una mejor persona. Siento que por el miedo a ser mejores, muchas personas se quedan atrás. Se oye ridículo, pero comprometerse a ser mejor persona requiere de grandes esfuerzos y decisiones que al final significan madurar y ser responsable. ¿Qué es lo que nos hace madurar? A cada persona le toca una situación en su vida que la hace madurar y siempre tiene que ver con una pérdida. Se oye lógico tener que perder algo para que uno sienta las ganas de buscar, y cuando uno busca respuestas es cuando comienza a madurar. Cuando uno madura es cuando entiende que la responsabilidad es amor. Ser mujer o ser hombre es tal vez un complemento de ser persona. La carrera de la vida es aprender a ser completamente humano. La tesis es conocerte como mujer, como hombre, y en el camino las dos partes se unen para formar un todo.

A veces es más grande el miedo que el amor, el miedo a dar todo para no recibir nada. Y, ¿qué mejor recompensa que la experiencia de amar? El que ama sabe que recibe de lo mismo que da. Si a ti te da miedo sentir, quizás es por lo mucho que sientes. En realidad, el miedo que sentimos a la vida es por el mismo amor. Resistirse a sentir es de alguna forma darle vida a lo temido. A lo que más te resistes, persiste. Por eso, dejar que te traspase lo que más miedo te da es el principio de un sentido, es conocerte, es un pedazo de libertad. Mientras más nos acercamos a lo que queremos, vamos pasando por un sinfín de emociones: alegría, angustia, felicidad, incertidumbre, incluso dolor. Muchas veces es algún dolor lo que termina por alejarnos más de lo que en verdad deseamos. No es mi intención verle el lado negro a todo, sino al contrario, es aceptar todos los sentimientos que vienen en el

paquete de ser, y comprender que de lo negro sale lo más puro. Es confiar en el proceso de la vida con todas sus implicaciones, que así como nos llenan de felicidad, también nos duelen. Dicen que ser valiente no es no tener miedo, sino tener miedo y seguir luchando.

Hablando Sobre Dios

SABES QUE HAS ENCONTRADO UN CAMINO
CUANDO TE DAS CUENTA
DE LO QUE HAS PERDIDO

¿Quién o qué es Dios? Un despertar en medio del caos. Es esencial en la vida de cualquier ser humano la búsqueda de Dios. Conocer a Dios es conocerse uno mismo. Así como cuando uno dice que quiere "encontrarse", el verdadero encuentro es el de Dios. Nacemos con ese conocimiento y conforme nos vamos alejando de Dios vamos perdiendo la memoria de lo que significa. En mis manos tengo el poder de cambiar mi vida. Al decir que todo está en manos de Dios, en realidad todo está en mis manos por el simple hecho de que Dios trabaja a través de nosotros. Al decir "Si Dios quiere", en realidad estoy diciendo "Si yo quiero", y decir "Que Dios te lo pague" es recordarle a alguien que todo lo bueno siempre se te regresa. Aquí no niego la existencia de Dios, sino que la reconozco como una fuerza activa que no se presenta mientras pensemos que Dios juzga o castiga o que está relacionado con lo moral o lo social. El Dios en el que yo creo es un Dios que tiene fe en mí. La fe más grande es el amor y con suficiente amor puedes crear lo que sea. Creo que Dios es todas las preguntas, todas las respuestas y todas las dudas. La imagen de Dios se va transformando a través del tiempo. Su cara cambia como cambiamos todos. Me gustaría aclarar que hablar de Dios no es lo mismo que hablar de religión. Porque una religión se organiza, se aprende y condiciona. Dios no tiene reglas, no se aprende; "se nace". Una religión tiene principio, Dios es y siempre ha sido. Yo aprendí a "rogar", no a "orar". Me acuerdo de las palabras: "Roguemos a Dios", ¡mi religión me enseñó a pedir y no a lograr! Me enseñó a tener fe en alguien más grande que yo. ¿Es Dios alguien más grande que yo, o soy yo alguien tan grande como Dios? Mi resumen de Dios es el siguiente: "Si sufro estoy cerca de Dios. Si soy

feliz, conozco a Dios. Si sé, soy Dios". Yo no sé si Dios está en una iglesia, en un templo o en una estatua, lo único que sé es que Dios se encuentra donde menos me lo espero. Creo en los milagros. No creo que todo deba tener una explicación, y quizás un milagro la tenga, sólo que todavía no la conocemos. Querer una explicación de algo es esperar una definición y conforme pasa el tiempo me doy cuenta de que hay tantas definiciones como personas en este mundo. ¿Cuántas definiciones hay del amor? El amor para cada quien es real en su momento. Para mí, hay un filósofo que se acerca más a definir dicho sentimiento. Hegel, en sus lecciones de estética, dice que la verdadera esencia del amor consiste en abandonar la conciencia de sí, en olvidarse en otro de uno mismo y, aún más, en el reencontrarse y poseerse verdaderamente en este olvido.

¿Nadie puede ver que si soportamos tanto dolor es porque en la vida hay mucho más amor que nos ayuda a aguantarlo? La razón de vivir es encontrarle un sentido a esta existencia. Lo más importante es saber que todos estamos lidiando con el alma y que nada tiene que ver esta ropa con la que nacemos.

Nada tiene que ver con el Dios en el que creemos, porque todos estamos mirando de frente a un mismo Dios. Todos nos estamos mirando de frente el uno al otro. Y, total, la "verdad" qué importa; importa la emoción de cada hecho; ésa es la verdad tuya y mi "verdad". El amor es lo único que existe y nos llena. El amor abarca todo. Qué dichoso el que sólo tiene amor para dar. Una persona sin complejos, sin expectativas, dispuesta a recibir de una persona sólo lo que ese ser humano puede ofrecer.

Qué dichoso el que no sabe juzgar, el que no habla por hablar, el que comprende. Qué dichoso el que encuentra paz.

Estamos en una era llena de posibilidades, llena de información y ya nada es igual. Hoy existen muchas opciones y la libertad de tomarlas. Han cambiado las reglas de la vida y definitivamente lo han hecho para bien. Muchos creen que han cambiado para mal, pero el que piensa así es el que no tiene interés en cambiar con el movimiento del tiempo. Todo cambio positivo debe pasar por una crisis y un caos, y eso es lo que estamos viviendo. Existe el caos porque hay diferentes opiniones, y existen las crisis aun para los que se resisten a conocerlas. Vivir en el mundo de hoy requiere de flexibilidad en todos los aspectos. La religión, el amor, la moral, ahora todo se concentra en una sola fuerza: en lo esencial, que es uno mismo. El Dalai Lama dice: "Sea o no creyente y fuere cual fuere su religión, es deber del hombre perseguir la felicidad".

Así que la religión no es importante, es lo que hacemos para ser felices lo que nos une a Dios.

Hablando Sobre Arte

NI EL ARTE NI LA VIDA
PUEDEN ETIQUETARSE.

Siempre he pensado que una obra de arte que trasciende no tiene nada que ver con la obra en sí, sino con eso que plasmó el artista cuando la creó, con ese algo que sale del alma. Como diría Antoine de Saint-Exupéry en *El Principito:* "Lo esencial es invisible a la vista". La esencia es más grande que los problemas, las mentiras y las máscaras de una persona. No hay nada en el mundo que la opaque. La esencia, según Aristóteles, en el *Diccionario de Filosofía* de Nicola Abbagnano, es la respuesta a la pregunta "¿qué es?" Otra concepción de la esencia, como sustancia, es aquello "que enuncia lo que la cosa no puede dejar de ser y es el por qué de la cosa misma". Me parece que la definición de la esencia a la que yo me refiero se acerca más a la primera, pero en lugar de ser la respuesta a la pregunta "¿qué es?", creo que la esencia del ser humano es la respuesta a la pregunta "¿quién es?"

Dijo un sabio llamado Francis Bacon: "No hay excelente belleza que no tenga algo extraño en proporción". Considero al amor una excelente belleza. No creo que exista proporción en el amar pero sí la hay en el querer. El amor es enorme, y dentro de tal enormidad tiene que existir algo que nos saque de lo normal, de lo esperado, de lo convencional. Cuando esto sucede, es amor. Sé que unos podrían decir que estoy confundiendo el amor con la pasión, pero yo considero amor a la pasión, como otros consideran amar al querer. Es necesario recordarme que todo lo que yo creo está basado en que "la verdad" no existe, sólo existen las filosofías. Así que mi manera de ver el amor es sólo eso, un punto de vista personal, por lo que querer quitarle validez a otras formas de amar es limitar al amor mismo. También considero el arte como algo que no se debe comprender, porque

comprenderlo es limitarlo. Y considero maravillosa una obra de arte con desproporción. Una obra que encuentre orden en el caos es una forma de llegar al punto más sincero del arte. No creo en los críticos de arte, pero sí creo en las obras que trascienden, así como estoy segura de que existen personas especiales en este mundo. Una obra de arte no es arte, es una obra de la vida, de un sentimiento, de una emoción, de una gran confusión o de un gran encuentro.

El pintor pinta. El artista no sabe pintar,

ni cuándo pintar, ni para qué pintar.

El pintor te explica con certeza de qué se trata

su obra, el artista no entiende su obra.

El pintor admira lo que hace, el artista

sólo goza de lo que no se enmarca.

Para mí, ponerle nombre a un cuadro es absurdo. ¿Cuándo has visto que cuelguen un cuadro en una casa con el título de la pintura abajo? Para un cuadro que exprese lo que el artista plasmó, el título sale sobrando. "Sin título" abarca mucho más. Cuántas cosas en la vida serán mucho mejor "sin título". La vida es como el arte: cuando lo haces de corazón, te sale la mejor obra, cuando lo haces para quedar bien con los demás, es probable que jamás trascienda. El arte y la vida evolucionan con el cambio, porque el cambio es reconocer que existen ciclos, y los ciclos son movimiento.

Algunos dicen que la gente no cambia. Yo no creo que sea así. La gente, ¡claro que puede cambiar!, sólo que no está en poder, sino en querer. Querer cambiar es posiblemente la decisión más difícil pero, cuando se logra, es un paso más a la evolución del alma. La mayoría de la gente le teme al cambio. El cambio nunca es "nada". A lo mejor por eso le llaman "cambio" al dinero que te devuelven en la mano. ¡Porque "el cambio" está en tus manos! Parece que todo, pero absolutamente todo en esta vida tiene un mensaje; si lo buscas, lo encuentras. Por ejemplo, todos los días te topas con las tijeras, te tropiezas con ellas. Cuando las necesitas y las buscas, no las encuentras. Entre más las buscas, más se esconden. Así es el amor, la suerte y el dinero; así es la vida.

Estaba pensando en el arte y en lo que éste significa. Estoy leyendo un libro que habla de Jean-Michel Basquiat*, y me llamó la atención que a este artista le daba risa que le pidieran su currículum, porque no había estudiado nada. Tomó un trozo de papel y escribió con faltas de ortografía su fecha de nacimiento, el tiempo que había asistido a la escuela y cuándo la había abandonado (estaba en preparatoria). También anotó que no había sido buen dibujante mientras estuvo en la escuela, lo cual le daba risa cuando empezó a ganar mucho dinero. Y dijo que, si algún día alguien más le volvía a pedir su currículum, le iba a dar las medidas de sus manos. En el arte, el currículum sale sobrando. El arte habla por sí solo. El arte es arte porque deja de ser lo esperado, lo convencional, lo correcto, lo legal.

---

*   Jean-Michel Basquiat fue un pintor negro autodidacta, de la época de Andy War-hol, que transformaba el grafiti en lienzos que llegaron a valer miles de dólares.

Gozar secretamente del caos y la distorsión y saber que los demás piensan al revés mientras que uno es el que se siente de cabeza, no es fácil. Ser alguien que todos los días está esperando una señal divina que lo transporte a un lugar "adecuado", tampoco es fácil.

Es incómodo tener opiniones ridículas, sobre todo cuando de repente tú mismo(a) ya no entiendes nada. Ser amante de la belleza, mas no de lo que otros conciben como tal, es simple y sencillamente poseer la mente de un creador.

¿Qué quiero decir con todo esto?

Que no es fácil ser una persona creativa.

No sé si la creatividad está en todo ser humano o sólo en unos cuantos. Lo único que sé es que el que tiene el don de crear no puede vivir sin hacerlo y va a seguir creando hasta que se muera. El filósofo hindú llamado Osho, en *El libro de la mujer*, habla de la creatividad como una energía que tiene las mismas posibilidades de ser creativa o destructiva. Habla de Hitler y de cómo él quería ser pintor, pero al no pasar el examen de pintura para entrar a la academia, toda esa energía se convirtió en algo destructivo. ¡Imagínate lo que pudo haber hecho si su energía hubiera sido positiva! Creo que la mayoría de las personas creativas que no desarrollan su potencial van orillando sus pensamientos negativos hacia algo destructivo hasta llegar a materializar lo que tienen en la cabeza.

Dentro de tanta incoherencia existe algo muy grande en la vida de un artista, y es cuando crea algo único que encierra una sensación

especial. En ese breve momento uno se siente más cerca de Dios que nunca. Y no sabría cómo llamarlo. Quizás esos momentos, aunque breves, valen por todos los altibajos emocionales que tiene un ser creativo. ¿Y qué es lo que nos lleva de ser creativo a ser artista? El que trasciende es el que con una sola obra logra tocar el fondo de tu corazón, y lo hace porque no plasmó una imagen o un sonido, sino un sentimiento. Un sentimiento que nunca se acaba.

Hablando Sobre Cambio

SON MÁS SEGUROS
LOS MOMENTOS INESPERADOS
DE LA VIDA, QUE LOS ESPERADOS.

Hoy dejo afuera partes de mí.

Afuera se quedan las nubes que tenía en los ojos,

afuera se quedan las astillas que tenía en las manos, afuera se

queda el pegamento que llevaba en la boca, afuera se queda

el lodo que llenaba mi cabeza, afuera se quedan los listones

que llevaba en el pelo, afuera

se quedan las moscas que anidaban en mis oídos.

Por mí, que regresen las nubes al cielo, "si es que hay". Que

las astillas regresen a los árboles. Que el pegamento encuentre

otro lugar en donde estar. Que el lodo

se convierta en tierra para dejar al agua correr.

Que los listones adornen a alguien más.

Que las moscas vuelen.

Todo en su lugar, todo donde debe estar.

Quiero aprender a gozar de la vida y hacer lo que me gusta. Ayer vi una película que dice una verdad muy grande. En esta vida hay tres acontecimientos que son seguros: "naces", "te mueres" y "las cosas cambian". Creo que gozar de la vida es darte cuenta de que tu existencia siempre va a cambiar, así como las personas, las relaciones, y uno mismo, y querer detener el proceso del

cambio es ir en contra de la marea. Muchos de los conflictos se deben a que no queremos aceptar que el mundo y las personas cambian y que, además, si no lo hicieran, nunca descubriríamos que siempre hay algo mejor y que nunca hay algo o alguien igual. Hay momentos en los que he sentido que las cosas cambian para mal, porque me duele que algo ya no sea igual. En el momento es cierto que así se siente, pero ahora más que nunca me he dado cuenta de que todo tiene su tiempo y que ese tiempo tiene su función. Los acontecimientos nos dejan de aplastar cuando indagamos por qué los tuvimos que vivir y les encontramos su significado.

Hay que cambiar las estrategias en nuestra forma de vivir y de conseguir lo que queremos. No es bueno aferrarse a una manera de ver la vida, sobre todo en el amor. Hay que pararnos en diferentes ángulos de la vida para poder tener otras perspectivas. Existen tantos enfoques que no vemos y tantas posibilidades que tampoco distinguimos sólo porque estamos parados en un lugar que nos impide ver. Si estoy en un penthouse con vista al mar, pero no salgo de la cocina o del baño y por lo tanto no lo veo, eso no quiere decir que no existe el mar, es simplemente que no lo puedo observar desde donde estoy.

Hablando Sobre Belleza

LA VIDA SE TRATA
DE TODA LA BELLEZA
QUE NO PODEMOS VER

Se cree que la belleza tiene algo que ver con lo que podemos ver, pero no es así. Dice una persona que sabe mucho que la flor puede ser muy bella, pero que es más bello lo que la hizo florecer. Creo que lo que nos hace inseguros es pensar que lo de afuera es lo que cuenta. Hay suficientes ejemplos en la vida que nos hacen ver lo poco importante que es lo visible. Pero no podemos entender todo esto hasta que conocemos a alguien que nos ha cautivado por lo que dice, por lo que hace, por lo que siente y también por lo que no dice, por lo que no hace y por lo que no siente. Todo es tan sencillo como lo sería el nunca rechazar lo que puede tener potencial, sólo porque lo de afuera no parece ser lo que cualquiera llamaría "bonito". ¿Qué es realmente el físico?, ¿una envoltura de chocolate, la portada de un libro, una puerta de acero, una caja de zapatos, una bolsa de piel, la fachada de un edificio? El físico es exactamente eso: todo lo que acabamos por dejar a un lado para descubrir lo que hay adentro. ¿Cuántos de nosotros pasamos toda la vida queriendo ser otra persona? ¡Lo más triste de todo esto es que aspiramos a ser otra persona y eso es mucho menos que aspirar a ser tú mismo! A veces lo que quisiéramos ser es mucho menos de lo que en verdad somos. Creo que es más fácil ser otra persona que ser uno mismo.

Ser uno mismo es ser "el original", es ser desde el principio y no dejar de ser.

Es ahí donde está la belleza. Está en lo que nunca deja de ser.

Hablando Sobre el Alma

EL ALMA VUELA CON LA MISMA GRACIA
DE UNA MARIPOSA Y A TRÁVES DE ELLA
VIVIMOS NUESTRA METAMORFOSIS.

Hoy me pasó algo diferente y me encantó. Estaba esperando a que el semáforo se pusiera en verde, cuando se paró enfrente de la ventana de mi auto un joven como de diecisiete años, que me preguntó: "¿Te gustaría oír un poema?".

Le dije que sí, y me recitó un poema sobre la soledad que dice que cuando estamos en ella descubrimos el amor real. Así como cuando estamos completamente solos y podemos contemplar el ruido de una gotera, solos aprendemos a contemplar partes del amor que antes no podíamos escuchar ni sentir. Me preguntó si me había gustado y le dije que sí, le pregunté si él lo había escrito y me respondió que no, que era de un poeta del cual no recuerdo el nombre. Lo que más me gustó de todo esto fue que no me vendió chicles ni me quiso limpiar el parabrisas. Me dijo que cooperara con lo que yo quisiera. Le di diez pesos. Diez pesos por un momento en el que aprendí algo importante, por un momento que, de alguna forma, me pertenecía. El significado es el siguiente: escuchar a un extraño puede dejarte mucho más de lo que te dejaría un conocido. Un extraño no sabe nada de ti y te dice justo lo que necesitas oír; yo creo que son las respuestas a las preguntas que hacemos con el alma. Que alguien nos conteste algo que hemos estado pensando, mas no preguntando, es justo eso: una respuesta del alma. Estoy segura que todos hemos vivido instantes que tienen un significado especial.

Hay una mariposa blanca muy grande, que en la época de primavera veo por donde voy. Siempre que la encuentro me recuerda que pase lo que pase existen esperanzas. No me refiero a esta mariposa como si fuera un cuento, pues de verdad la veo y realmente me transmite este pensamiento. La mariposa es

metamorfosis. Significa cambio, transformación. Todos estamos en una constante transformación, y cada vez que veo a esa mariposa blanca sé que me espera un cambio que seguramente será positivo. La mariposa blanca también me recuerda al alma. Siento que el alma vuela con la misma gracia de una mariposa y que a través del alma vivimos nuestra metamorfosis. El alma es la sustancia del cuerpo para el filósofo Aristóteles, quien la define como "el acto final y primero de un cuerpo que tiene la vida en potencia". Para mí, el alma es "claridad". Una mariposa es una viva imagen de lo que el alma es y de lo que representa.

Hablando Sobre la Espiritualidad

NUESTRO FIN EN ESTA VIDA ES ESPIRITUAL.

La espiritualidad es un lugar al que llega nuestro ser cuando comprende que la existencia se trata de lograr. Una persona espiritual logra descifrar. Logra lo que quiere. Llegar a la espiritualidad es lograr tu profesión en la vida y, como dijo una vez Vincent van Gogh, tu profesión no es el trabajo que haces para ganarte la vida, para poner la comida en la mesa, es lo que haces con tanta pasión que llegas a niveles espirituales.

Creo que alguien realmente espiritual es el que aprende a reconstruirse. Siento que todos nacemos enteros y en algún momento de nuestras vidas nos quebramos y nos desarmamos. La espiritualidad choca con el tiempo del reloj. No conoce de minutos y no sabe de fechas límite, todo es un eterno momento.

¿Es necesario el dolor para llegar a la espiritualidad?

El dolor es el momento clave para crecer. Cuando sentimos dolor en el alma, estamos frente a un puente y ese puente se cruza si vivimos en el dolor, no si lo tapamos. El dolor es un aviso, siempre. Por ejemplo, si no sintiéramos dolor no podríamos darnos cuenta que nos rompimos un brazo o que el apéndice está a punto de reventarse, sin ese aviso no podríamos curarnos. ¡Sin dolor no nos podemos curar! Ningún dolor es más grande que uno porque es una parte de nosotros, y una parte nunca es todo.

Hablando Sobre la Depresión

EXISTE UN BREVE MOMENTO EN LA VIDA
EN EL QUE TE SIENTES MÁS PERDIDO QUE NUNCA.
ESE MOMENTO
ES EL PRINCIPIO DE UN ENCUENTRO.

Nunca me imaginé la depresión cuando era niña. Lo que es estar encerrado dentro de un interminable hueco, donde las ilusiones se convierten en una piedra en el zapato. Donde te encuentras en "la nada", y ojalá "la nada" fuera nada, pues en realidad es todo. Es cuando todo se convierte en una inútil pregunta que nos lleva a una inútil respuesta: "no sé". Cuando estás en "la nada" parece como si el mundo fuera un gigante y las personas también, y tienes la sensación de que todos te están viendo hacia abajo, hasta sientes el peso de sus miradas y te agota. Hay un momento en la vida de todos, cuando de repente nos encontramos en ese inmenso lugar, tan chiquito. Por experiencia puedo decir que, con excepción de las depresiones clínicas, estar deprimida(o) es una decisión. Uno mismo decide permanecer en un estado de autodestrucción. La mayoría de las depresiones son causadas porque uno no puede aceptar las pérdidas o los cambios en su vida. Deprimirse es acceder a una enfermedad, antes que aceptar un cambio, y nunca es bueno enfermarse, sobre todo enfermarse por querer llenar un hueco en tu vida cotidiana o simplemente por ceder al conformismo. El conformismo es como anestesiar esa parte de tu cerebro que contiene todo lo que necesitas para ser mejor. Hay conformismo en uno mismo, en un trabajo, en una relación y, para mí, conformarte es como morir a medias. Definitivamente cuando uno se deprime es a causa de una vida carente de cambios, una vida estacionada y llena de miedos innecesarios. No sé qué es peor: estar deprimido o ver a alguien que amas perder la esperanza. Cuando me tocó ver en ese estado a alguien a quien de veras quiero, me di cuenta de que gran parte de la depresión es egoísmo. Cuando yo sufrí una depresión, no pensaba en el dolor que le causaba a la gente que me quería, hasta que me tocó verlo en alguien más. No me daba cuenta porque no

me importaba esa gente, me importaba sólo yo. Ahora que sé lo que es estar en los dos lados, puedo distinguir con más claridad de qué se trata cuando no quieres despertar y cuando quieres que alguien despierte. Cuando uno empieza a sanar se da cuenta de que la vida es más que un capricho, la vida es un trabajo de diario. Uno se da cuenta de que la vida debe ser más felicidad que sufrimiento y que el sentido de vivir lo encuentras en lo que haces. El sentido de la vida lo encuentras en lo que haces "por ti y por los demás", no en lo que haces "para ti y para los demás". Lo que nos lleva a la depresión no es el darnos cuenta de las equivocaciones, es el no percatarnos de ellas. Quiero crear en mí una fuerza eterna que me prohíba abandonarme. La depresión es algo que existe cuando dejas de existir. No dejes de existir, porque nada resuelves cuando no estás. Aprendí que la naturaleza del ser humano es hacer todo para ser feliz; sufrir no es la naturaleza del hombre, así que cuando creas que tocaste fondo, créelo y haz algo. No debes permitir que te domine un sentimiento de fracaso, porque el fracaso está en el dejar de luchar. Hay momentos en la vida que parecen tener todo a su favor y momentos en los que no encuentras la salida, la diferencia entre estos dos momentos es la actitud. Las emociones son siempre indicadores de algo importante. Así como nos da un dolor de muela porque la pieza está picada, nos da un dolor en el alma cuando hemos pasado por algo que nos afecta. ¿Por qué queremos acabar de inmediato con un dolor de muela y no con un dolor que abarca todo nuestro ser? Quizá porque todo en esta vida lo queremos rápido y fácil. Una depresión no se cura de la noche a la mañana, es un proceso. Un proceso que requiere de ganas. La autoestima es lo más importante que uno debe alimentar cuando se trata de curar una depresión. ¿Cuánto te quieres en verdad? La pregunta más

importante es: "¿Estás poniendo tu felicidad en las manos de alguien más?".

Las grandes desilusiones ocurren cuando creemos que otra persona nos debe hacer feliz. ¿Te imaginas cuánta responsabilidad le estás dando a la persona que "supuestamente" quieres tanto? Y no sólo eso, sino con qué facilidad abandonas lo que te pertenece a ti. Sólo tú puedes hacer que tu vida sea lo suficientemente valiosa para que te llene a ti y la puedas compartir con los demás. De las depresiones salen cosas buenas cuando las tomamos, por lo que deben ser un crecimiento. No hay que temerle a lo que no conocemos ni a lo que aparentamos conocer; de acuerdo con Ron Leifer, en su libro El proyecto de la felicidad, "la aceptación de la confusión es un paso a la claridad". Se puede decir que una depresión es una confusión.

Hablando Sobre el Tiempo

TODO TIENE SU TIEMPO Y ESE TIEMPO
TIENE SU FUNCIÓN.

Hoy:

No dudes de ti. Cree en todo y en todos.

Cambia muchas veces de opinión. Piensa sólo

en lo que te hace sonreír. No dudes de nada.

Si hoy cambias de opinión no es que dudes,

es que has aprendido que hay opciones.

Empieza lo que tanto tiempo has planeado.

Termina lo que dejaste a medias. Pon en práctica

lo que aprendiste. Habla de tus sentimientos.

Cambia lo que no te gusta. Agradécele a alguien

que te ha ayudado. No pienses en mañana.

Dile a esa persona, a quien no te atreves a hablarle,

lo que le quieres decir. Haz esa llamada que tanto

has prometido hacer cuando te encuentras a un conocido en

la calle. Disfruta lo que tienes.

No llores por lo que todavía no es tuyo. No llores

por lo que no se te ha perdido. Ten paciencia.

Sé fuerte. Acepta. Piensa que hoy es lo que tú quieres

que sea. Apúrate a sanar porque, si pasa algo que

te duela, piensa que hoy es lo único que tienes.

Es tu vida, así que hoy haz todo lo que tengas que hacer.

Todos los días nos topamos con palabras de autoayuda, unas no nos afectan en nada y otras sí nos llegan, todo depende de nuestra actitud. Es algo bueno querer ayudarnos porque, si no nos ayudamos, el auxilio que viene de fuera no sirve de nada. Al decir que hoy es lo único que tenemos, no me refiero a hoy como la última esperanza, me refiero a hoy como literalmente lo único que existe. Así de cierto es. Lo único que existe es hoy. Ayer es sólo una palabra que nos ayuda a ubicar un pasado, y mañana es una palabra que nos ayuda a ubicar un futuro; pero siempre que estamos creando algo, cuando estamos activos, cuando nos damos cuenta de que algo pasó o está por pasar se encuentra en el presente, que es hoy. Ayer, hoy y mañana están pasando en un mismo tiempo, sólo que todo se reúne en hoy. Es por eso que con frecuencia decimos: "parece que fue ayer", refiriéndonos a algo que pasó hace años, porque los años no existen; lo que pasó fue hace sólo un momento.

Como científicos, hemos fragmentado el tiempo en segundos, minutos, horas, días, semanas, meses, años... hemos aprendido a vivir así para poder organizarnos, pero si no fuera de esta manera, toda una vida sería un enorme momento, ¡y efectivamente lo es! ¡Por eso hoy es toda tu vida!

Hablando Sobre las Dudas

NO SABER
ES PARTE DEL MISTERIO DE LA VIDA
SABER
ES PENETRAR EL SENTIDO DE LA EXISTENCIA

Un laberinto lleno de preguntas y respuestas no tendría sentido si no tuviera dudas. Las dudas son el puente que nos lleva a la razón. Una duda que no sirviera de nada, sería una duda sin rumbo. Una duda sin rumbo sería cuestionarte algo y dejarlo sin responder. Si para avanzar tuvieras que contestar cada pregunta, te atorarías si te quedaras en la duda. No te serviría de nada una duda, si no averiguas la respuesta. Nos vamos quedando atrás en la vida, si no resolvemos las dudas que tenemos. Muchas veces esas dudas nos llevan a otras y esto puede llegar a convertirse en un eterno laberinto; sin embargo, siempre y cuando estemos averiguando, seguimos andando y, al darte cuenta de que ya llevas mucho camino recorrido, ya no permites quedarte en la duda. Es horrible quedarte a medias y ver cómo todos te pasan; es horrible, porque el responsable es uno mismo. Todos nacemos con preguntas, respuestas y, más que nada, con dudas. Pero son nuestras preguntas y nadie puede darnos mejores respuestas que las que tenemos enfrente de nuestro camino. Es verdad que unos nacen con dudas mucho más grandes, pero quizás es porque son personas lo suficientemente grandes para resolverlas. En la vida, es difícil resolver, pero mucho más difícil es vivir y nunca saber.

Ya llevo tiempo cuestionando tantas cosas en las que antes creía. Creía en todo lo que me enseñaron. Ahora creo en lo que he vivido. Creo sólo en lo que siento, sólo en eso, porque ni en mis ojos o en mis oídos puedo confiar.

Yo no creo todo lo que veo y menos todo lo que oigo, porque muchas veces esto me aleja más de lo real.

Hablando Sobre la Amistad

PARA SENTIR QUE ALGUIEN ES ESPECIAL,
BASTA CON SABER QUE PUEDE ESTAR
O SE PUEDE IR Y NADA CAMBIARÁ.

¿Por dónde empieza una amistad? A veces no sé qué es amistad y qué es simplemente amor. ¿Y si no existiera tal palabra? No sé hasta dónde es bueno expresarle tu cariño a un amigo(a), porque de alguna forma las acciones son las que supuestamente catalogan los sentimientos. No creo que los sentimientos profundos se puedan distinguir, porque se confunden y saltan a la superficie sin aviso alguno. Es cierto que hay diferentes formas de amar, pero ¿qué tal si todo es amor y al ponerle nombres a las relaciones las limitamos? No es mi intención crear del amor una cadena eterna de sentimientos sin principio ni fin, sólo me cuestiono si todo es amor y si existe la amistad o únicamente el amor.

Hoy pensé en las minúsculas partículas que vuelan en el aire y se juntan para formar malos entendidos entre las personas, y en los misteriosos silencios que existen en cada cabeza. ¿Cuándo es cierto que acertamos: cuando señalamos, cuando afirmamos o simplemente cuando dudamos? Hoy pensé en quiénes son mis amigos y por qué los considero como tales. Los que son mis amigos son los que no veo todos los días ni hablo con ellos diariamente, aunque todos los días pienso en ellos. Hay "amigos" que actúan como si lo fueran y no lo son, porque nada más "actúan". Es fácil actuar: actúan los que tienen algún interés propio, actúa el que hace de una amistad un negocio, actúa el que piensa que la amistad es nada más recibir y nunca dar, actúa el que busca y pasa la vida buscando amistades equivocadamente, porque las amistades se encuentran. Entonces, ¿quiénes son tus amigos? Es bueno tener amigos, pero no es bueno depender de ellos y menos esperar que te den su amistad de la misma forma en que tú la das. Para mí, "amistad" es sólo "compartir" desde un lugar muy especial que se llama sinceridad, que viene de otro lugar más

especial que se llama uno mismo. Así que los malos entendidos y "las malas lenguas" y las malas interpretaciones son todo eso, "malas", y el liberarnos del enorme peso de lo equivocado es comenzar a liberarnos de lo que nunca debió haber pesado. Acabo de colgar el teléfono con Ana, mi amiga del alma, que casi no veo, hablamos muy poco porque vive algo lejos, pero siempre está en mis pensamientos y sé que yo en los de ella . Pase lo que pase, sé que nunca va a cambiar lo que sentimos la una por la otra.

Existen los que quieren ser aceptados, y lo peor de todo es que ellos mismos se rechazan. Conozco a alguien así, y él cree que nadie es su amigo verdadero. Creo que es porque él no sabe quién es y de alguna forma cree que los demás están confundidos como él y, por lo tanto, no son capaces de ser sinceros. Conozco a alguien así, y sí siento feo, porque por un momento yo creí que era mi amigo. Nada dura para siempre, y no hablo de una amistad, hablo de un engaño. Un engaño se cansa y acaba por traicionar a su más fiel compañero.

Existen personas que ocupan un lugar especial

en nuestras vidas, que queremos y perdonamos

por encima de todas las cosas;

esas personas son especiales porque son parte

de nosotros y, en algún momento, en algún lugar,

compartimos algo que ahora sigue y seguirá

por toda la eternidad.

amistad = independencia = amor

Hablando Sobre el Poder de las Palabras

MUCHAS VECES
NI SIQUIERA SON LAS PALABRAS,
SINO LA PERSONA QUE TE LAS DICE.

No me es fácil expresarme con la gente que quiero, a veces quiero decir tanto que acabo diciendo todo lo contrario. Creo que a veces la voz se queda atorada en la garganta y no sale exactamente lo que quieres decir.

¡Es como si un enano maldito se apoderara de las palabras y decidiera que es mejor decir algo que ofenda! Cuando nos arrepentimos, hay que actuar inmediatamente. No creo en el orgullo y mucho menos cuando se trata de alguien que quieres enormemente. Es sabio el que cambia de opinión. ¡Un "perdón", un "te quiero", un "te extraño", de nada sirven cuando se quedan atorados!

Imagínate que eres un vaso al revés y que tienes mucho que decir y mucho que dar. Si nadie te voltea, todos los sentimientos se vuelven al aire y el sonido se acostumbra al silencio. Esto sería una sensación sofocante y creo que podernos expresar es una bendición; poder comunicar lo que estamos pensando, lo que estamos sintiendo, es en verdad incorporarnos al todo. Porque todo se vuelve moldeable en el momento en que decidimos tomar parte, y la vida nos exige participar de la forma más completa y sincera posible, lo que significa compartir tu interior como un vaso que no está al revés. Mostrarnos de adentro hacia afuera sin retener nada, que exista expresión absoluta de parte de todos. Todos tenemos distintas formas de expresarnos y creo que todas deben ser bienvenidas, siempre y cuando se respete la vida. Puede ser peligroso expresarse, porque tal vez una creencia para uno puede ser una ofensa para otro; sin embargo, muchas veces lo que antes nos ofendía después se vuelve parte de nuestra vida o viceversa y, cuando eso pasa, es porque estamos abiertos

a escuchar y experimentar para poder escoger nuestros ideales y estilos de vida.

Cuánto poder tienen las palabras en nuestras vidas, el poder que nosotros les queramos dar. Una persona me puede decir algo bueno y quizá no me lo creo, como también me puede decir algo malo y sí me lo creo, o viceversa. Muchas veces ni siquiera son las palabras sino la persona que te las dice.

En algunos casos, las palabras vienen con una voz que normalmente le pertenece a alguien, y hay ciertas voces que no tienen credibilidad.

Pero, ¿por qué darle importancia a las voces que sabemos que no tienen la verdad o, por lo menos, un intento de verdad?

Yo me pregunto, si nos costara dinero hablar, seguramente pensaríamos mucho más las palabras antes de decirlas, pero no nos cuestan dinero, sólo emociones, que para mí son mucho más caras. Pero en este mundo cuando algo tiene un precio por su valor material le acabamos dando más importancia. Así sucede con el cinturón de seguridad del coche. Está el cinturón en el coche para que lo usemos y nos salve la vida en caso de un accidente. Nos dicen que nos puede salvar la vida, pero nos da flojera usarlo o a lo mejor no queremos arrugarnos la camisa. ¡No nos lo ponemos! Ahora te dicen que, si no lo traes puesto, te multan por una cantidad de dinero, por eso ahora la mayoría de la gente sí lo usa. Me molesta ver cómo podemos equivocarnos tanto en el valor de las cosas. El dinero tiene para muchas personas mucho más valor que la vida misma. El valor de las cosas

o de las personas acaba siendo como el de las palabras, el que uno le ponga, o el que uno se dé.

Ayer dije algo sobre alguien, pero en realidad no tenía sentido. En el momento sentí que estaba en mi derecho de decir lo que pensaba y, bueno, de alguna forma me estaba expresando. Pero, ¿será expresarte el hablar de otra persona? Creo que ninguno de nosotros tiene el don de poder hablar con la verdad acerca de otro. Lo que pasa es que estamos hablando de ese otro de acuerdo con nuestra verdad. Sólo podemos hablar de nosotros mismos, si es que queremos acertar. Si pienso hablar de alguien, creo que debería de decir lo que esa persona me ha dejado o de lo que quizá no me dejó. Pero yo nunca debería de hablar acerca de lo que esa persona es, porque no hay forma de que yo lo sepa. Si en algún momento dije que hay quienes a veces estamos más en contacto con las emociones o los sentimientos de otros que ellos mismos, es porque existe una conexión por medio de la cual podemos ver por instantes el alma de un ser humano. Pero ni así podría yo asegurar qué es o quién es esa persona. Puede ser que suene un tanto rebuscado, pero en pocas palabras creo que juzgar es un acto errado. Juzgar es grave, porque las palabras son importantes, y como todos tenemos el poder de darles valor, pues hay quien les da más de lo que las palabras merecen y hay quien les da menos. Cuando juzgamos estamos expuestos a que nuestras palabras se vuelvan tan pesadas que nos cueste liberarnos de ellas. No juzgar es entender tantas cosas… ¿Sabes por qué la sensación de juzgar no es buena? Porque es una sensación de equivocación inmediata. En el momento en que juzgamos a alguien, sentimos algo que nos está diciendo: "Cuidado, porque puede que estés equivocado(a)". Y la mayoría de las veces así es.

Hablando Sobre las Ganas de Vivir y las Ganas de Morir

DE TODAS LAS COSAS QUE VALEN LA PENA,
HAY UNA QUE CONSTANTEMENTE
PASA INADVERTIDA, LA VIDA.
(POR ALGO ESTÁS AQUÍ)

¿Cuánta verdad hay en una ilusión? A veces pienso que la misma verdad es una ilusión. ¿Necesita uno desilusionarse para saber?

De repente me pregunto qué existirá en el corazón de alguien que se quita la vida. No me interesa lo que está en su cabeza, me importa lo que siente, no lo que piensa. Cuántas personas opinan que es cobardía, sin pensar que quizás es demasiado amor a la vida. Con el tiempo he aprendido que no existen las definiciones concretas, sólo una gama inmensa de opiniones, así como existen los miles tonos de verde. Es increíble cómo las respuestas de la vida las tenemos enfrente de nosotros y acudimos a lo más lejano para entender.

Ponemos en manos de otros seres nuestra propia valía, nos negamos a conocer intensamente a alguien por el miedo de "fracasar" o de "perder". Existe una gran belleza en lo "horrible" de la vida, en el dolor, en la tristeza, en la misma desilusión. Existe el contraste. No me puedo imaginar la sonrisa eterna: sería agotador.

Qué fácil es encontrar lo que no estamos buscando, ¿verdad? ¿Tú qué estás buscando? Yo ya dejé de buscar. Antes quería encontrar algo y no lo hallaba porque no era parte de mí. Parece que cuando llegamos a la tierra es a base de una explosión y nos pasamos la vida buscando los miles de pedacitos que se nos perdieron, hasta encontrarlos y sentirnos completos.

Ya no sé si en verdad se trata de buscarlos o si es mejor dejar que vayan llegando como si fueran imanes. Por eso digo que es más fácil encontrar lo que no buscamos, porque a veces lo que buscamos no nos pertenece, y quizá nosotros no sabemos

que nos pertenece hasta que nos llega. Todos somos inicio de muchos caminos y cada uno de ellos tiene un propósito: el de regresar. La muerte ha de ser así. No me siento muy segura sobre el tema de la muerte porque aunque he vivido muertes de personas que he querido con toda mi alma, nunca la he tenido realmente cerca.

Creo que sé más de las ganas de morir que de la muerte en sí, porque es algo que he vivido y no me asusta, porque esas ganas de morir vienen de las mismas ganas de vivir. Yo acepto que no soy una persona muy positiva, aunque con el tiempo he cambiado, porque he aprendido mucho del pensamiento positivo y de su enorme potencial. Pensar que puedes lograr algo es llevar parte de la lucha ganada. Creer es la base de cualquier triunfo. No creer es una lucha inútil. Pienso que es esencial que desde niños nos enseñen a creer en nosotros mismos. Que nos enseñen que todo es posible o, mejor dicho, que nos reafirmen que todo es posible, porque cuando somos niños así pensamos desde un principio.

Al decir que todo es posible me refiero a la capacidad que tenemos de amar. En realidad, el amor es lo que nos da la seguridad para lograr todo. Sin amor no tenemos nada y seguimos en el camino equivocado. Para mí el camino equivocado es el que vivimos sin algún tipo de inspiración y sin comprender nada.

Comprender tiene que ver con saber. Sabes cuando un momento completamente libre de dudas te consuela. Por un momento nada más, pero que es vital para el resto de tu vida. Comprender sólo unas cosas, claro, porque no todo se puede comprender. Son

contados los momentos en los que comprendes algo realmente, por eso son tan importantes y necesarios. Lo primero que comprendí yo fue mi razón de amar, por qué y cómo lo hago. Y creo que esto es lo más importante. El dolor más grande que hasta hoy he sentido me hizo saber exactamente por qué estoy en este mundo. Sale sobrando esa experiencia, lo que no sale sobrando es el sentimiento que me hizo ver el camino que me tocaba recorrer. Antes de comprenderlo, lo tuve que despreciar con toda mi alma. Tuve que sentir lo que no era. Para mí fue como tocar fondo, y cada quien llega a ese lugar con diferentes compañeros o por diferentes razones, simplemente llegamos. Sólo para lograr comprender. ¿Qué comprendí hasta hoy? Que el amor no es algo que va y viene. Es algo que no muere cuando llegamos a comprenderlo. El que sufre cuando ama es el que cree que el amor se acaba. Es más: comprendí que al dejar ir es cuando más recibí. Comencé a nutrirme del amor sincero, no del amor que está encerrado en una caja de condiciones, fechas, reglas y definiciones que escribió un día una persona confundida entre el amor y el ego.

El que toca fondo y no comprende nada es quien ya murió. Morir sintiendo el calor del día o el frío de la noche. Morir oyendo, viendo, sintiendo, caminando. Morir sabiendo que sigues vivo es para mí la peor muerte de todas. ¿Cuál es la diferencia entre una persona que se quita la vida y una persona que vive sin querer vivir? No le doy más la razón a uno ni al otro, simplemente pregunto.

Hablando Sobre la Felicidad

SER FELIZ NO ES UNA META, ES UN ESTADO
DE ÁNIMO QUE SE MANIFIESTA EN
EL MOMENTO QUE TÚ QUIERAS

Espero algún día poder deshacerme de lo que no necesito realmente y ser feliz, o tener mucho y así ser feliz. Tener o no tener y ser feliz. No espero tenerlo todo, porque todo nunca es suficiente. Espero algún día llegar a tal nivel espiritual que en mi propia naturaleza esté el poder recibir sin cuestionarme absolutamente nada, como lo hace un niño que no sabe de diferencias entre la gente, sólo de similitudes. Y, como un artista de la vida, espero algún día ver de lejos lo que he creado y no criticarlo, solamente admirarlo.

A veces me creo en un mundo lleno de manchas, unas permanentes y otras que se van difuminando con el tiempo. Las manchas son como heridas. Sé que el tiempo cura las heridas, pero creo que hay algunas que necesitan algo más que eso. Tal vez será mejor si no las viéramos como heridas y así no tendríamos que curarlas. De veras que las cosas son como las vemos, y no todos vemos lo mismo. Parece que la vista no fuera parte de los ojos sino de la piel. Lo que vemos es sólo lo que hemos aprendido a ver. La única realidad que existe es la que nosotros nos creamos. Y es difícil crear una vida feliz, porque nos han hecho creer en una realidad universal: la realidad de que la felicidad no es común. Por eso, cuando nos pasa algo maravilloso, decimos: "¡no lo puedo creer!" La felicidad no es fácil de lograr y quizá por eso es felicidad. La felicidad es muy difícil de lograr cuando vives creyendo que tu vida está en manos de alguien más. En el momento en el que te das cuenta de que tu vida únicamente depende de ti y de nadie más, créeme que si lo que quieres es felicidad, la obtendrás. La tristeza es inevitable porque vivimos en un mundo de dualidades pero, gracias a ella, podemos distinguir los momentos felices. Sin embargo, "¡sí!" podemos escoger entre la tristeza y el sufrimiento, porque siento que la tristeza es un

dolor que está en nosotros por el simple hecho de existir, y que el sufrimiento es un dolor que nosotros decidimos tener.

La felicidad es lo que más deseo, y a veces se me hace tan difícil sentirla cuando veo lo que sucede en la calle. Sería más fácil despreocuparme por lo que no me pasa a mí, pero de alguna forma creo que sí me afecta, a mí también me está pasando. Cómo me da tristeza cuando veo a las niñas de los semáforo haciéndole de todo para ganarse su dinero, las veo diariamente, y de un día para otro a una de ellas le cambia la mirada. Sus ojos ya no tienen la misma inocencia, y así van cambiando todas. Las señoras ya muy grandes y también los señores que no tienen a dónde llegar, me afectan porque ninguno estamos exentos de algún día estar así, nadie. Es impresionante que, cuando las realidades de la vida se te quedan viendo directamente a los ojos, te sigues como si nada hubiera pasado o cambia tu manera de pensar sobre muchas cosas. Hay personas que no se dan cuenta de nada, porque siempre ven de frente y se pierden de lo que está pasando a su alrededor. En la vida, ser heroico es ver todos tus retos y tus miedos directamente a los ojos. Lo que es evitable por la razón, no siempre es evitable por el corazón. Ser feliz es una razón de ser para todos, e implica tener la valentía de tomar en tus manos todo lo que abarcan tus ojos, tu corazón, tus brazos, tu mente, tu casa, tu país y todo tu mundo entero.

Hablando Sobre la Verdad

¿HAS VISTO ALGUNA VEZ A ALGUIEN
QUE TENGA EN SUS MANOS LA VERDAD
Y NO LA COMPARTA?
LA VERDAD NUNCA RECIDE EN LAS MANOS
DE UN EGOÍSTA

La verdad duele cuando descubrimos
la mentira en la que hemos vivido.

Compartir un sentimiento profundo es dar
desde un lugar donde existe el sentimiento puro,
que es lo más cercano que tenemos a la verdad.

Con todo y que no creo que exista la "verdad", existe una definición general que podemos asociar con la palabra "verdad", y ésta sería la sinceridad. Supongamos que sí existe "la verdad" y, que de acuerdo con la "verdad" que existe hoy, hay algo que sí es seguro: siempre duele oírla o decirla. ¿Y por qué nos duele la "verdad"? ¿No debería de doler más una mentira? Pues en realidad "sí" duele más una falsedad, porque nos duele la verdad al descubrir la mentira en la que hemos vivido. A lo mejor porque no estamos preparados para vivir en total sinceridad. Quizá porque la "verdad" nos pone las decisiones en las manos, y elegir es la más difícil de todas las acciones. Lo cierto es que nunca dejas de tomar decisiones porque, aunque no decidas, decides "no decidir", y esto de alguna forma es decidir. Cuando decides decidir tienes a tu favor que, pase lo que pase, es por ti y por nadie más. A veces lo que decidiste no funcionó como hubieras querido y ése es uno de los riesgos, pero todo lo que vale la pena en la vida implica un riesgo. Hay algo que existe siempre y a todas horas: el arrepentimiento. Muchos dicen que nunca

debes de arrepentirte de nada, pero eso es imposible, es más, ni siquiera es una decisión. ¡De repente te pasa!, ¡te arrepientes! Cuando nos arrepentimos hay que tomar otra decisión y esta vez más importante aún. La decisión que confirma qué tan sincero(a) eres en verdad contigo. Esto es lo que yo pienso de las decisiones. Existen todos los días, unas son importantes, otras quizá no tanto, pero ahí están, y es mejor tomarlas, con todos los riesgos que implican.

La verdad es el producto de la experiencia. Esta definición le da una base a cualquier otra que haya dicho anteriormente sobre la verdad. La experiencia te lleva a tu verdad. La mejor sensación en la vida es tener la certeza de algo. Como cuando te cae encima un sentimiento inequívoco de que estás enamorada(o). Es como la sensación que tienes cuando pones la última pieza de un rompecabezas o cuando contestas en el juego del maratón antes de que se acabe la pregunta, sin usar la opción múltiple. La certeza es de lo que se trata la vida. La medicina no será efectiva sin la certeza, la ciencia tampoco. Por eso hay tantas equivocaciones, desdicha, problemas y desilusiones y, dado que a nadie le importa la certeza, mucha gente se conforma con "casi", "a lo mejor" o "puede ser". Lo bueno es que tarde o temprano te llega la certeza, y desgraciadamente la mayoría de las veces nos llega al comprobar lo contrario. Pero qué bueno es comprender algo.

Yo creo que cuando te das cuenta de que no eres la misma persona que eras hace un año o quizás hace algunos meses, sabes que has cambiado, y cambiar es comprender. Creo que es aquí donde reside la diferencia entre las personas que logran tanto y las que no logran nada

en la vida. Tengo muy presente que en un momento dije: "Total, la verdad qué importa", y sigo pensando igual, sólo que me refiero a la "ver dad" como una palabra que lleva consigo una definición concreta que aparece en un diccionario, y ésa es la que no importa.

Importan la experiencia y la certeza.

Todos somos todo. En algún momento de nuestra vida hemos sido buenos para alguien, y, en otros, hemos sido malos para alguien. En algún momento hemos sufrido y en otra ocasión hemos hecho sufrir. En algún momento hemos dicho lo equivocado y hemos hecho llorar a alguien. Hemos sido a veces lo que nunca esperábamos ser, o hemos hecho lo último que esperábamos hacer. Hay quien puede ser una maravilla ante mis ojos, y ante los ojos de otros, todo, menos una maravilla. Lo que quiero decir es que, de acuerdo con cada uno de nosotros, hay una verdad "personal". No hay que hablar, ya que en realidad sabemos quién es quién para nosotros. Y lejos de nosotros puede ser nadie o alguien completamente diferente.

¿Por dónde empezar?

Hablando Sobre la Guerra

HAY UNA GUERRA INTERNA
QUE TODOS ESTAMOS VIVIENDO

Pasó algo horrible en Nueva York: miles de vidas se perdieron en el World Trade Center por ataques terroristas. Es en días como ése que me siento obligada a cuestionar lo que escribo todos los días. Se me fueron las ganas de seguir expresándome con palabras. En un día como ése, la filosofía, la poesía o cualquier obra que salga de la inspiración, de repente deja de tener sentido. Todo lo que uno llega a analizar de la existencia puede sonar tan absurdo. A lo mejor porque siento un dolor profundo por un país que no es el mío, pero al fin y al cabo es dolor lo que siento por personas como yo. Quizá por eso siento tanta incongruencia en mi existir.

Mucha gente ha comentado que Estados Unidos se merecía un incidente como éste, porque nunca sufre las consecuencias de lo que hace en otros países.

Yo no estoy de acuerdo con la guerra y menos con la forma en que el gobierno americano ha reaccionado, pero yo nunca podría decir que alguien se merece sufrir. Los acontecimientos no les suceden a "los americanos" o a "los afganos" o a "los mexicanos", las tragedias les suceden a "las personas", y el juzgar y generalizar es tan ridículo como la guerra misma.

Me cuesta trabajo pensar que, así como yo en este momento estoy escribiendo, estamos viviendo una guerra, y no es sólo una guerra de Estados Unidos contra el terrorismo, es la guerra interna que estamos padeciendo todos.

Siento que ya nada está claro y que necesitamos empezar a vivir con la fuerza que se nos dio para nacer. Puedo cambiar de opinión mil veces en un día, y eso no significa que estoy

resolviendo algo, simplemente estoy pensando. Pensar y pensar, a veces nos sorprende con algo bueno, pero muchas veces tanto reflexionar en un asunto nos distorsiona el resto de nuestros pensamientos, como si fuera una especie de contaminación. De alguna forma todo lo que está pasando hoy en el mundo es como una contaminación de pensamientos negativos, que con el tiempo se han ido concentrando y que no les queda otro remedio más que manifestarse. Nadie tiene la razón, porque en realidad ningún país busca la paz, todo es una lucha de poderes. Todo empieza en el momento en que nos consideramos diferentes. Es cierto que tenemos culturas, religiones, costumbres, idiomas y rasgos diferentes, pero nos unen las emociones, de las que nadie está exento de vivir. ¿Por qué si todos sabemos lo que es sufrir se lo deseamos a otro? ¿Por qué no podemos alegrarnos por la superación de otros? ¿Por qué decirle a alguien que Dios lo castigará? Todas esas son armas con las que vivimos día a día, porque no dejamos de pensar en lo que no podemos lograr. Creo que el problema del mundo en estos momentos de guerra es que nadie está actuando con amor, sino con odio.

¿Por qué actuar con odio si hay maneras de ganar una guerra con amor? ¿Cómo detener el resultado de años y años de odio? Todo lo que está pasando hoy es porque todos nosotros lo hemos creado, "¡juntos hemos logrado separarnos!". Viviendo lo que estamos experimentando ahora, por momentos llega a congelar mis deseos de querer lograr algo en la vida, y no debería ser así, porque la vida es eso: retos. Los retos son para los que no aceptan la mediocridad, y la mediocridad no significa ser "nadie", la mediocridad significa ser alguien y no hacer nada.

Si hoy me levanto con ganas de nada, lo primero que hago es pensar en lo que significa nada, y nada quiere decir vacío. Si quiero tener un vacío en mi vida, entonces hago "nada". Cuando permitimos ese vacío, lo que sucede es que se llena de cosas y pensamientos que sólo hacen de nuestro existir un eterno hueco. Si nos levantamos y creemos que la vida nos está dando, con el tiempo recibiremos; pero si nos levantamos pensando que la vida nos quita, un día llegaremos a perderlo todo.

Hablando Sobre Padres e Hijos

LLEGA UN MOMENTO EN NUESTRA
VIDA EN EL QUE CULPAR A NUESTROS PADRES
POR LO QUE HACEMOS O LO QUE DEJAMOS
DE HACER ES DEJAR DE CRECER

Qué importante es que los padres les den a sus hijos las armas para salir adelante. Qué real es que no siempre lo hacen. Igual de real es que muchos padres creen que lo hacen. Qué necesario es que un hijo no reproche, ya que los padres no son los culpables. Cuando comprendemos que nuestros padres son personas casi de nuestra misma edad, comprendemos muchas cosas que no comprendíamos antes.

Me imagino que de nuestros padres aprendemos a querer y a expresarnos también, y estoy segura de que nacemos con un pedazo único, con esa parte nuestra que no puede ser contaminada ni aniquilada. Es esa chispa que nos separa al uno del otro y que nos hace brillar. Y eso especial que tenemos y que nunca perdemos, a pesar de la educación y de las vivencias buenas y malas, se va haciendo mucho más grande conforme nos vamos metiendo en lo puro de las cosas. Lo puro en este caso sería lo que pesa en la vida, que no tiene nada que ver con el peso mismo sino con la fuerza de lo esencial, que queda muy lejos de lo material y de los aprendizajes construidos por los que no quieren ver.

Me refiero a la esencia.

Hablando Sobre lo Bueno y lo Malo

NOS DA MIEDO ESPERAR LO MEJOR Y LUEGO NO RECIBIRLO.

Siempre vemos primero los defectos en nosotros mismos o en los demás, mucho antes que las cualidades. Es por eso que la mayoría de las veces la gente dice que si no hay noticias es que son buenas noticias. No sé por qué, pero sí es mucho más fácil ver lo malo que lo bueno, quizá porque es más creíble. En los eventos sociales es más probable que la gente se fije en lo que no está bien o en lo que salió mal. Una vez más puedo decir que hemos crecido confundidos entre lo bueno y lo malo, o lo correcto y lo equivocado. Es más fácil ver lo malo porque nos da miedo decepcionarnos después, nos da miedo esperar lo mejor y luego no recibirlo.

Y el verle los defectos a alguien, antes que sus cualidades, es de alguna forma asegurarnos que, mientras exista gente falible, está bien que nosotros lo seamos. Es mejor verle lo positivo a una persona, así como sus cualidades, porque eso nos invita a ser mucho más exigentes con nosotros mismos. Reconocerle lo bueno a una persona es reconocer tus cualidades también.

El destino es como un viaje en la calle, donde existen las señales, los topes, la vuelta en "U"… pero a veces, donde quieres dar vuelta en "U", está prohibido. Existen las personas que te dan el paso y las que se te meten aunque no quieras. También es como un viaje en carretera, en donde están los que te rebasan y los que te obligan a ir más despacio. Existe el retorno, que muchas veces es peor, y siempre hay una próxima salida. Es más… la calle te dice mucho de una persona. No sé si a todo mundo le pasa, pero cuando manejo me siento bien, a lo mejor es porque tengo el control de mi vida por unos momentos, y, efectivamente, lo tengo. Otra situación que pasa en la calle al ir manejando es

cuando quedas hasta adelante de todos los coches, el semáforo está en rojo y cada auto le va acelerando un poquito, como si fuera una carrera, hasta que se pone el verde, y viene ¡el acelerón! Si te agarran de malas, te vas de pique con otro coche hasta que uno se desvía. El ser humano es competitivo por naturaleza; es más, para nacer, primero tuvimos que ganarle a millones de espermatozoides. ¡Esto es un gran consuelo, porque ya todos los que estamos aquí somos campeones! Lo que más me impresiona cuando estoy manejando es el poder que tenemos en nuestras manos. Existe un momento en el que frenamos para dejar pasar a los peatones y, durante esos segundos en los que pasan por enfrente del coche, sabemos que si queremos podemos acelerar y acabar con sus vidas.

¡Así de fácil, pero por supuesto no lo hacemos! No lo hacemos porque nuestra esencia es buena; sin embargo, en este simple hecho de la vida nos podemos dar cuenta de que en nuestras manos están las vidas de otros también.

Imagínate: si podemos decidir si alguien más vive o no, qué no podemos decidir con nuestras vidas. Muchas veces me preocupan los pensamientos medio perversos que tengo, como éste de acelerar cuando alguien está cruzando enfrente de mi coche. Me puse a pensar un día, ¿cuál será el propósito de este tipo de ideas? ¿Las tendrán otras personas? Con el tiempo me di cuenta de que sólo son pensamientos. Que todos estamos en el borde o en la raya de la locura, o quizás esos pensamientos los tengo porque constantemente estoy midiendo las posibilidades y las limitaciones que tenemos como personas. Lo único que puedo decir es que, desde que me enteré que muchas otras personas

tienen pensamientos innecesarios, me sentí mejor. Cuántas ideas nos pasan por la cabeza sin saber por qué, y muchas veces dejamos que nos interrumpan la paz por el simple hecho de pensar que somos las únicas personas que las tenemos. A estos pensamientos les llamo "pensamientos de maldad". Quizás existen estos pensamientos porque uno es bueno y el único lugar en el que puede experimentar la maldad es en su mente. Pero hay que tener cuidado, porque una persona dijo que no hay mucha diferencia entre un pensamiento y un hecho. ¡Pues claro que hay una gran diferencia! El cerebro es extremadamente complejo, y en él crecen millones de pensamientos, de los cuales un porcentaje salta hacia afuera y el restante se queda. De los pensamientos que se quedan, se van formando equipos, buenos y malos, y entonces empieza la lucha interna que puede crear una enfermedad o una curación. ¿Cuánto poder puede tener un pensamiento? El que uno le dé, me imagino.

Hablando Sobre Autoestima

VIVIR DUDANDO DE TU POTENCIAL
ES COMO FIRMAR UN CONTRATO
DE POR VIDA CON EL FRACASO.

No es más importante la persona

que nos cuesta tanto trabajo conquistar,

simplemente nos sentimos menos ante tal persona.

En una vida, que es muy poco tiempo, todos tenemos la oportunidad de realizar lo que tanto queremos. A veces nos hacemos tontos porque lo que queremos no parece ser lo que desea el resto del mundo para nosotros.

Entonces cogemos ese sueño como si fuera un papel, lo hacemos bolita y lo tiramos a la basura. Y ahí se queda ese papelito, que va de basurero en basurero, hasta que alguien lo encuentra. Ese sueño se realiza de alguna forma u otra, pero quien lo pensó no creyó en él. Eso me da miedo. Lo importante es saber que tu sueño es tuyo, "tú" eres quien realmente lo conoce.

¿Y qué hacemos cuando nuestro corazón nos dicta ir al lado más extraño de nosotros? Casi todos huimos, porque no creemos que pueda ser bueno algo diferente, algo que no reconocemos. Sí, hay veces que el corazón nos lleva a un lugar que pudimos haber evitado, pero no hay nada mejor que sonreír después de haber llorado.

¿Por qué no creemos en nosotros? Porque no podemos ver lo que somos. Hay un ejemplo maravilloso, que proviene de la escuela de la sabiduría antigua de un profeta llamado Ramtha, y que no podría ser más claro. Si tú eres el color rojo de un arcoíris, ¿cuál es el único color del arcoíris que no puedes ver? ¡Pues obviamente el

rojo! No puedes ver lo que eres, sólo el reflejo de lo que eres. Sólo cambiando de colores llegas a ver quién eres realmente, si no es así, vivirás dudando de ti.

Hay momentos en que quisiera olvidar lo que soy y experimentar ser otra. Ser la persona que tanto odio. La persona que he criticado. Quisiera ser por un momento la persona que tanto envidio y me encantaría ser la persona que me envidia a mí o la persona que cree que soy feliz, pero sobre todo me gustaría ser esa persona que quise más que a mí. Quisiera olvidar por un momento quién soy, para ser todas esas personas que seguramente me harían querer ser la persona que soy hoy.

Soy mujer y me siento niña. No sé en qué momento dejaré de ser niña o si debo aprender a convivir con las dos. Creo que me he realizado más como persona que como mujer. Quizá se oiga extraño, pero lo siento así.

Quisiera hablar con esa parte de mí que no sabe

quién soy, para poderle decir que aquí estoy.

Cómo quisiera que alguien la viera, porque no la veo yo.

Quisiera entender por qué no quiere ser.

¿Cuánto amor se necesita para que pueda ver lo mucho que la

quiero conocer?

Quisiera hablar con esa parte de mí

que no sabe que soy mujer.

Siento horrible cuando veo la falsedad en la gente. Me afecta porque la percibo muy claramente. Me he dado cuenta de que, conforme te vas conectando con un mundo interior libre de la contaminación social y "moral", te vas acercando más a lo real. Llegas a adquirir un sensor, y se vuelve un instinto detectar si alguien es real o no. Empiezas a desprenderte de un mundo vacío y te sigues de frente. Me da tristeza conocer a la gente que se quedó atrapada en las opiniones de los demás, en los consejos de los demás, en el "qué dirán". Me da tristeza la gente que cree que el arte tiene algo que ver con la fama. Me da tristeza la gente que cree que el poder es prepotencia y que la cultura significa decir palabras que nadie entiende. Me da tristeza la persona que cree que ignorarte es ser importante. Me da tristeza la gente que cree que ganar es el reconocimiento del público o tener un trofeo en la mano. Más tristeza me da la gente que dice: "nunca".

Yo me doy mucha tristeza, cuando por momentos me vuelvo la persona más insegura del mundo y pierdo la fe en mí.

Tú eres eso que tanto quieres ser,

sólo que no lo puedes ver porque no lo crees.

Hablando Sobre la Libertad

LA LIBERTAD EXISTE
CUANDO LE CIERRAS LAS PUERTAS
A LAS OPINIONES DE LOS DEMÁS

Me he tardado en descubrir que ser libre es "ser". Ser tus pensamientos, ser tus sentimientos, ser todo lo que no eres para descubrir quién eres.

Dejar de ser para volver a ser algún día. Ser lo que quieres ser, ser lo que te dicen que no puedes ser. Ser sin miedo. Cargamos un peso enorme porque creemos que no somos lo que deberíamos ser. Nos enseñan que ser sensible es ser débil. Nos enseñan que ser sincero es no tener tacto. Nos enseñan que ser natural es ser morboso. Nos enseñan que ser fuerte es no llorar. Nos enseñan que ser una dama es reprimirte. Nos enseñan que ser hombre es ser indestructible y nunca dejarse caer. Nos enseñan que el éxito es el dinero. Nos enseñan que ser auténtico es ser ridículo. Nos enseñan que ser diferente es estar loco. Nos enseñan que la belleza es simétrica.

Pero, ¿quién nos enseña a querernos tal cual somos? Creo que llega un momento en la vida de cada uno de nosotros en el que sabemos que algo anda mal. Me he tardado en ver tantas cosas, pero ahora comienzo a ser libre.

Hablando Sobre lo que Soy

HOY ES UN DÍA MÁS EN LA VIDA
DE UN SER CAMBIANTE, YO

¡De repente cae del cielo un relámpago de negatividad que me pega en la cabeza! Y todo ese amor y toda esa sabiduría que pretendo tener se vienen abajo, así como se caen los niños de los árboles. Muchas veces he querido desaparecer ese relámpago, pero entiendo que es parte de mí y que, así como se levantan los niños, tarde o temprano me levantaré.

Por momentos me siento un listón que se desliza entre los escalones de las emociones. Soy un listón rojo que brilla, que cae sin hacer ruido. Cuando pinto siento que en mi pincel están las personas que más quiero, los sentimientos que escondo, el mal pulso y, más que nada, cada instante de mi vida que decide qué rumbo tomar. Creo que los errores que he cometido, si es que lo son, han sido recortes de cosas infinitamente buenas. Con esos recortes he construido un collage y todos los días lo observo. A veces lo veo increíble y a veces no lo veo para nada. Así como abro mi clóset un día y sé exactamente qué ponerme y otro día, habiendo la misma ropa, no encuentro nada. No cambia el contenido del clóset, sólo mi manera de verlo.

Encuentras un sentido en la vida
cuando haces algo por ti y por los demás,
no cuando haces algo para ti y para los demás.

El sentido del humor es como el sentido de la vida,
el que carece de él, se pierde de una gran parte.

qué es
lo que espero

No sé si deba esperar algo, porque entre más espero más me desilusiono, y no me refiero a tener paciencia, porque la paciencia es una virtud que pocos podrían presumir que tienen.

La paciencia es creer en el proceso de la vida. Esperar es no creer en ti ni en lo que eres capaz de hacer. Esperar algo de alguien más es cerrar los ojos y pensar que alguien piensa como tú, que alguien ve como tú, que alguien siente como tú y que alguien algún día se convertirá en quien tú crees que deba convertirse. Y no me refiero a "esperar" como esperanza, porque la esperanza más bien es fe. No debemos esperar nada de las personas que queremos, sólo tener fe en ese alguien y sobre todo tenerle paciencia. Y lo mismo va por mi persona: tener fe en mí y mucha paciencia y no esperar nada porque de alguna forma borro de mi futuro todo lo inesperado, que es lo que más gozo en la vida.

Hoy quisiera empezar de nuevo mi comprensión sobre lo que considero valioso. Me siento como una cascada de contradicciones, que al final cae en un mismo hoyo en la tierra, que acaba siendo agua de muchas aguas. Así ha cambiado y cambia constantemente mi percepción sobre el valor que tienen los objetos y la gente. Conocí a una persona mucho más grande que yo en espíritu, en alma, en talento, quien como ser humano está por encima de muchos que han pasado por mi vida. No sé cuántos años tiene, creo que veintiuno o veintidós. Ella tiene algo muy especial: es todo lo que una persona contaminada de "cultura" aspira a ser. Es sincera. Ella dice que si su realidad fuera otra, no sería pobre. "El dinero me pasó a fregar la vida", me dijo. Y yo me pregunto, ¿a cuánta gente que lo tiene también le ha fregado la vida? Ella dice que era mejor en la antigüedad, cuando no existía el dinero y se utilizaba el trueque. Intercambiar una cosa por otra. En sus propias palabras, dijo: "¡Chale, qué maldito inventó el dinero, es lo que yo pienso!".

Me da miedo luchar porque es pavor el que le tengo a la derrota, pero me he dado cuenta de que así he perdido más. Siempre he querido que las personas luchen por mí, porque eso me hace sentir seguridad, pero realmente se trata de inseguridad. No sé si tenga mucho que ver con las creencias machistas con las que crecí. El hombre siempre es el que lucha por la mujer. Qué distorsión de mundo en el que vivimos. Tanto en los cuentos como en las grandes historias de amor, el príncipe siempre va a rescatar a la princesa y ella siempre lo está esperando. Así es, nos han enseñado a esperar.

Definitivamente los tiempos han cambiado, y ¡vaya que han cambiado!, aunque sólo sea superficialmente. Hay mujeres que han cambiado mucho por fuera, pero yo estoy segura de que por dentro siguen siendo una síntesis de tradiciones sin sentido. Las mujeres que han triunfado son las que han cambiado por dentro, las que han luchado sinceramente por lo que creen, pese lo que pese y digan lo que digan. Una lucha que no tiene nada que ver con los sexos ni la igualdad, sino una lucha personal. ¡Esas mujeres que han triunfado son las que se escapan del castillo en busca del príncipe o del reino entero!

Hoy salí a la calle y en un semáforo vi a una señora como de cincuenta años vendiendo chicles; lo que más tristeza me dio fue que estaba descalza y el pavimento estaba muy caliente por el sol. Se notaba que llevaba mucho tiempo sin usar zapatos, porque la planta de su pie parecía haber formado ya una suela. Me dio tanta tristeza que me quería quitar mis chanclas y dárselas. Pensé y regresé a mi casa y metí en una bolsa de plástico tres pares de zapatos que ya no usaba. Además, creo que ella calzaba más o menos igual que yo. Regresé a la misma esquina del semáforo y le entregué la bolsa diciéndole: "Tome, señora, son unos zapatos", me contestó: "Gracias", aunque no muy contenta. Me seguí y me di la vuelta en "U" y me tocó otro semáforo y tuve tiempo para observarla. Se asomó para ver lo que había en la bolsa y la tiró. Siguió caminando descalza sobre el piso ardiente y parecía querer seguir sufriendo, yo creo que así causaba más lástima, como me la causó a mí. Lástima me dio pensar que me preocupé por esa señora. Un tiempo atrás mencioné que me afectaba ver a la gente de la calle y que yo no podía ser completamente feliz sabiendo que existían personas tan desafortunadas, pero ya no voy a dejar

que eso me afecte. Cada quien tiene sus circunstancias y no hay nada más triste que querer dar lástima. Creo que sólo hay que ayudar al que lo pide, y casi siempre el que quiere dar lástima no sabe vivir de otra manera, incluyendo a la gente que tiene zapatos. Esto que vi en la calle es exactamente lo que sucede con las personas que no viven en la calle. Aprendí que uno no debería de adjudicarse los problemas de otros ni sufrir por ellos.

Mi manera de pensar cambió, y no fue por convertirme en una persona insensible o egoísta, simplemente abrí los ojos. Desde que soy niña me han enseñado que uno debe compartir con los que no son tan afortunados, pero con el tiempo de alguna manera esa enseñanza se fue convirtiendo en una culpabilidad innecesaria. Ese momento en el que yo ayudé a la señora que no tenía zapatos y los tiró, me di cuenta que así como existen los que saben recibir, también existen los que reciben sólo para echar todo a la basura y seguir dando lástima. ¿Y qué significa saber recibir? Yo creo que el que sabe recibir es el que convierte lo que le das en algo más grande, en algo que funciona. Es importante dar, pero creo que es todavía más importante saber recibir.

Hoy es un día más en la vida de un ser cambiante: yo. Todo lo que yo pienso es tan abierto como lo es una mente que goza con las nuevas experiencias, una mente que no se cierra a las posibilidades de diferentes verdades. La existencia es una aventura, y es emocionante cuando ves la vida como un eterno aprendizaje, que no tiene rumbos asignados, más que los que uno planea. Muchos creen que el destino ya está trazado, pero, ¿de qué servirían el dolor, el amor, la felicidad, la tristeza, si todo ya

estuviera escrito? No servirían como lecciones y las experiencias no tendrían sentido.

¿Cuántas cosas en la vida no tienen sentido? No creo que tenga sentido una flor artificial. No tiene sentido vestirse de negro cuando alguien se muere. No tiene sentido la pregunta "¿me quieres?". No tienen sentido los insultos. Creo que cuando insultas a alguien y lo hieres es afirmarle que careces enormemente de algo. Hay una frase que me gusta mucho; una tía mía la compartió conmigo, y dice así: "Quiéreme más cuando menos me lo merezca".

Puede que ésta sea una forma de querer más espiritual y no tan terrenal; sin embargo, creo que nuestro fin es espiritual, y el "poner los pies en la tierra" es para recordarnos que estamos arriba de ella.

"Significado" es algo que varía para todos, pero que existe, y existe en donde menos te lo imaginas.

No sé cuánto tenga que ver mi estado de ánimo con la percepción que tengo sobre la edad y lo que significa madurar. Todo lo que hacemos nos va transformando, pero cuando me siento triste o enojada, muchas veces es porque las cosas no han salido como yo esperaba. El que mi estado de ánimo cambie tan bruscamente me hace pensar si lo que me pasa no es en realidad un ataque de "infantilismo".

Ser infantil es creer que todo debe salir como lo planeas y, si no es así, se te cierra el mundo y te cae encima una terrible sensación de impotencia. La impotencia es el detonador de cualquier reacción frustrante, como dice Fernando Savater: "El resentimiento reprocha como moralmente malo la posesión de cuanto él no posee, los dones de que carece, los riesgos que no se atreve a correr, los placeres que sería incapaz de compartir. Es la articulación moral de la envidia, la expresión ética de la impotencia". La envidia es una forma de infantilismo. Todos hemos sentido envidia y la verdad no es que uno sea malo o le desee un mal a alguien, simplemente la impotencia que uno siente desata emociones fuertes, tal vez por las mismas ganas que tenemos de superarnos. A lo mejor si no sintiéramos impotencia, no llegaríamos a triunfar en la vida. Lo importante es que la impotencia no se quede en sólo eso, sino que se transforme en potencia. El infantilismo que en ocasiones nos domina es una manera de querer frenar la responsabilidad por miedo a crecer y a hacernos viejos, como si la responsabilidad significara vejez. Mucha gente lo ve así porque, entre más mayores somos, adquirimos más responsabilidades, pero nada tiene que ver la edad con la responsabilidad. Reaccionar como niños es no aceptar el proceso del tiempo como madurez y verlo sólo como deterioro. En este momento ya no sé de qué estoy hablando: si de impotencia, envidia, infantilismo o de la edad, pero sí sé que el estado de ánimo lo es todo en la vida y que, entre más aceptemos las situaciones que se nos presentan como principios de acciones, sabremos que toda acción debe estar encaminada a la superación y no quedarnos pensando en las malas reacciones de las que nos arrepentimos, porque sólo sería estancarnos en estados de ánimo negativos.

Hay personas que viven escondidas dentro de sus propios cuerpos. Las personas que no son congruentes con su mirada son las que no son fieles a su esencia y, por lo tanto, no pueden ser felices. Es increíble cómo hay personas que le dedican tanta energía a las apariencias, que se siente el peso de su presencia; de alguna forma, tanto insistir rompe con el fluir de una buena vibra. Sí creo que la buena y la mala vibra existen, y la vibra depende de qué tan buenas o qué tan malas son las intenciones de una persona. Las intenciones son como el núcleo de lo que uno hace, y parece que existiera un radar de intenciones en cada esquina del mundo con el poder de descifrar si son buenas o malas, para que se te regresen en algún momento de tu vida. No importa qué hagas, sólo importan tus intenciones, y yo creo que una buena manera de darte cuenta si las intenciones de alguien son buenas o malas es por la vibra que sientes cuando esa persona está cerca. ¡Las intenciones son las que producen el resultado de todas nuestras acciones!

Hoy pregunto al aire, ¿por qué en ciertas ocasiones me limito a vivir tantas experiencias, o por qué me reprocho tantas cosas? ¿Con el fin de qué? En vez de preguntarle al aire, debería de preguntarme a mí misma. El aire sólo me va a contestar aire. Si me contesto esta pregunta, lo único que puedo decir es que "me limito y me reprocho por el simple hecho de hacer lo que estoy acostumbrada a hacer".

Uno se acostumbra a todo, sin saber por qué. Nos acostumbramos a sentir, a veces sin de veras sentir. Me refiero a que muchas veces creemos que sentimos algo porque es lo que esperan de nosotros. ¿Y qué tal si por primera vez no es así? En vez de explorar lo que

sí hay dentro de nosotros, hacemos lo que esperamos de nosotros mismos. La costumbre es una actividad que con frecuencia puede frenar la esencia de algo o de alguien. En el caso del amor, qué es más fuerte, ¿el amor o la costumbre? La verdad, es más fuerte el amor. Cuando dicen que la costumbre es más fuerte, entonces ya no es amor del que estamos hablando.

Siempre existe un conflicto en nuestro interior y de algún modo la mayoría de las veces es un conflicto entre lo que uno debe hacer y lo que uno quiere hacer. En realidad es fácil resolver este dilema: "Lo que uno debe hacer es lo que uno quiere hacer". Me refiero a un conflicto personal, donde realmente esté involucrado nuestro ser. Un conflicto en el que uno pueda descifrar que lo que falta para salir de él, es justamente eso: salir. La solución consiste en que no exista una limitante, como es el deber.

Parece que me la vivo juzgando todo y uno no debe juzgar. No sé si opinar desde el corazón sea juzgar. A lo mejor en algunos momentos me contradigo y, en lugar de corregirlo, prefiero dejarlo así porque todo esto es un proceso, y yo voy aprendiendo de lo que me equivoco o de lo que creo que ya sé. ¿Cuál será la diferencia entre opinar y juzgar? Quizás sean las intenciones. O tal vez sea el simple hecho de decir lo que dices porque lo sientes, y decir lo que dices porque lo ves. ¡Ni modo que nunca podamos opinar sobre una persona! Lo bueno de las opiniones es que pueden cambiar en cualquier momento y, si tenemos eso presente, hay que cambiarlas cuando hayamos descubierto lo contrario. Yo no soporto a quien se casa con una sola idea de algo o de alguien. Hasta a las personas con las que no tengo empatía trato de encontrarles un lado bueno, porque siempre lo hay. Eso sí, la

mayoría de las veces la empatía es inmediata. Lo increíble de la química entre las personas es que existe a millones de kilómetros.

Ahora que no está en mí el deseo de conquistar lo inconquistable, pienso darle más valor a lo que está enfrente de mí. El reto ha sido siempre parte de mí y seguirá siéndolo, pero de alguna forma he aprendido que muchas veces también son triunfos lo que no nos cuesta tanto trabajo conseguir.

Definitivamente, los desafíos son para los que no aceptan la mediocridad, aunque hay retos positivos y negativos. El reto que se convierte en capricho o que se convierte en obsesión es lo que yo considero "lo inconquistable". El reto que se convierte en pasión es un desafío lleno de intensidad, que traerá un resultado inigualable si se logra conquistar. Para mí, la diferencia entre pasión y obsesión es la sensación que existe cuando se viven. La pasión es un amor desmedido por algo o alguien, la obsesión es tener en el fondo la certeza de que lo que persigues no es bueno y, sin embargo, te entercas en ello con debilidad. ¡Eso es! La pasión es fortaleza, la obsesión es debilidad.

Nos libramos de algo que ya no nos sirve —o quizás eso se libera de nosotros— con el fin de convertirse en algo más. La basura que tiramos todos los días es como las creencias que dejamos atrás. Reciclamos las emociones y logramos darles otro rumbo. El arte de vivir es eso. Dejar que se transforme lo que creemos que ya murió. Si lo que llamamos vida no tuviera muerte, no sería vida. Porque cuando algo se transforma, es cuando comienza a tener sentido. Es como el día que se convierte en noche, sólo para recordarnos que el mundo funciona, siempre y cuando no se obstine en ser sólo una cosa.

El mundo es un inmenso lugar que se vuelve chiquito cuando por fin encuentras lo que buscabas.

El que va y viene pertenece al momento y un momento deja de serlo cuando se le pide tiempo.

Cuando te hagan a un lado, da las gracias, porque no todos tenemos la suerte de que nos guíen hacia la dirección correcta.

Las lágrimas son parte de la vida, pero la risa es la esencia de la vida.

Si quieres algo, búscalo; si quieres a alguien, encuéntralo.

La certeza se da cuando la razón y el sentimiento

se encuentran.

No seas lo que sueñas ser, sé mucho más.

El ridículo existe para los que creen que son perfectos.

No está ausente el que se va, sólo el que se olvida.

Cuando regresas a un lugar de donde escapaste,

puede ser que quieras escapar otra vez.

Sabes que has superado una situación,

cuando te ríes de ella.

Ver hacia adelante o ver hacia atrás no importa,

si sabes a dónde vas.

Las personas no son lo que dicen, son lo que hacen.

En los ojos puedes ver las intenciones de una persona, y en sus manos puedes ver qué tan capaz es para llevarlas a cabo.

No significa perder cuando no consigues lo que quieres, simplemente has logrado conformarte.

No es suficiente tener talento, se necesita convicción para lograr lo que quieres.

Todos hemos estado en el lugar equivocado en algún momento de nuestras vidas, pero unos permanecen tanto tiempo allí, que ya no saben distinguir la diferencia.

Dejar ir es mejor que retener, porque soltar es potencial, y apretar es limitar.

Los retos son para los que no aceptan la mediocridad.

Si aún no sabes quién eres, no preguntes, responde.

Reconocer que existe la razón en alguien más es saber.

Estuviste a punto de resolver el problema, cuando te diste por vencido.

Este último año ha sido una época clave en mi vida, porque fue un año de cuestionamiento constante. Nunca me había cuestionado tanto y creo que, por lo mismo, he llegado a descubrir cosas que he vivido y no las que sólo había aprendido a creer.

Descubrí este año que:

1. Nada es para siempre y todo es para siempre.
2. El amor es todo y el amor es nada.
3. No hay bueno ni malo, sólo instantes y experiencias.
4. No hay personas que me pertenezcan y yo no le pertenezco a nadie.
5. La libertad es interna.
6. Existe sólo lo que sentimos.
7. Muchas veces lo que veo no es con los ojos.
8. La espontaneidad es buena.
9. Nadie puede reemplazar a nadie.
10. Sí existe el amor de tu vida, pero no tiene que ser necesariamente tu pareja.
11. Nada es tan importante y nada es insignificante.
12. Dios está en todos lados.
13. Dios no es una religión.
14. La fe no tiene nada que ver con la religión.
15. La felicidad depende de uno mismo.
16. Reírnos es la mejor medicina.
17. Nunca es bueno quedarte con la duda.
18. Cuando quieres lograr algo, lo logras.

La lista podría seguir con palabras que yo ni siquiera sé, porque creo que he descubierto miles de cosas más que permanecen sin tomar forma.

Lo que más quisiera este año es no dejar pasar nada sin saber por qué está pasando.

Ya no me quiero preocupar por lo que no existe. Tiendo a crear ideas en mi cabeza, cuya única razón de existir es confundirme más. Quiero desenterrar todo aquello que pensé que me iba a limitar. Tuve en mis manos justo lo que yo quise tener. En mis manos estuvieron todas las experiencias que yo quise vivir. Solté sólo lo que se pudo pasar entre mis dedos, porque era lo que no me pertenecía.

Siempre cargamos lo que queremos, ni más ni menos.

Como las verdades no existen y sólo existe tu verdad y mi verdad, espero que todo lo que contiene este libro contribuya a tu filosofía de la vida y del amor, y que todos los días te preguntes si estás satisfecho(a) con tu vida.

Si lo estás, sabrás por qué, y si no, también sabrás por qué. Nada en esta vida sale sobrando, porque todo tiene su lugar, y sólo hay que acomodarlo.

Creo que no tengo nada más que decir.

Por el momento.

Notas